KB220919

# 콘서트마태 vol.1
# 그때와오늘
# 거기와여기

류황희

**콘서트마태 vol.1**
## 그때와오늘 거기와 여기

**초판 1쇄 인쇄** 2017년 11월 10일
**개정판 1쇄 발행** 2017년 11월 15일

**지은이** 류황희
**펴낸이** 백도연
**펴낸곳** 도서출판 세움과비움

**신고번호** 제2012-000230호
**주 소** 서울 마포구 양화로16길 2층
**Tel.** 070-8862-5683
**Fax.** 02-6442-0423
seumbium@naver.com

ISBN 978-89-98090-24-1

값 13,200원

콘서트마태 vol.1

# 그때와오늘
# 거기와여기

류황희

Τότε και σήμερα

Εκεί και εδώ

하나님 나라의 태동

세움과비움
Seum&Bium

# 서문


여호와의 말씀에

내 생각은 너희 생각과 다르며

내 길은 너희 길과 달라서

하늘이 땅보다 높음 같이

내 길은 너희 길보다 높으며

내 생각은 너희 생각보다 높으니라

이사야 55:8-9


매번 설교를 준비를 시작하면서 이 말씀을 되뇐다.


'낯설게 읽기'라는 말이 유행했다. 자신이 가지고 있는 선입견을 버리고 읽어야 비로소 바른 해석에 도달할 수 있다거나 새로운 관점을 얻을 수 있다는 생각이다.

그러나 성경은 이미 몇 천 년 전부터 이렇게 말씀하셨다.

**"내 생각은 너희 생각과 다르며"**
한 장, 한 단락도 내 생각과 같은 부분이 없었다.

**"내 길은 너희 길과 달라서"**
방향이 다르고, 흐름이 다르고, 목적이 달랐다.

왜 그럴까?
**"내 길은 너희 길보다 높으며 내 생각은 너희 생각보다 높으니라."**
내가 낮게 살고, 거기에 머리를 처박고 있기 때문이다. 그리스도인으로 산다고 하면서도 늘 세상을 사는 방법 밖에 알지 못했고, 기도를 하면서도 세상의 사상을 벗어나는 길을 알지 못했다. 도리어 세상을 사는 방식과 세상의 사상으로 성경을 읽었다.

'선입견은 자신을 지배하는 이데올로기의 산물이다'라는 지적은 정당하다. 나를 지배해 온 것이 하나님과 성경이 아니라는 것을 이렇게 깨닫게 되었다. 내 머리에서 일어나는 자연스러운 생각과 흐름을 거슬러야 했다. 늘 막다른 골목이요, 절벽 위에 서는 기분이었다. 본문의 참의미를 찾기 위해서 몸부림쳤지만 밤이 깊어갈 뿐이었다.

그러나 하나님께서 당신의 백성들에게 당신님의 생각과 길을 알려주셨다.

"너희 중에 누구든지 지혜가 부족하거든 모든 사람에게 후히 주시고 꾸짖지 아니하시는 하나님께 구하라 그리하면 주시리라" 야고보 1장 5절

이렇게 걸어간 길은 마태복음 처음부터 끝까지 매우 낯설었다. 저만큼 가서 지금까지 걸어 온 길이 틀렸다고 사죄의 말을 해야 하는 것은 아닐지 두려웠다. 하지만 막혀보였던 거기에 아름답고 따스한 길이 있었다.

하나님 말씀의 낯설음, 그 신선함을 느낄 수 있기를 바란다. 인위적인 교훈이나 위로를 첨가한 맛깔스러움이 아닌 떫은 듯 묵직함 속에 우러나는 진한 맛을 느낄 때 비로소 이것이 하나님 나라 백성들만이 들을 수 있는 교훈이요, 위로라는 사실을 직관적으로 알 수 있을 것이다.

2017 늦은 가을 마옥당에서 목사 류황희

Contents

Contents

# Intro

어떻게 마태복음을 가까이 할 수 있을까!

Εισαγωγή

## 어떻게 이해해야 하는가!

우리가 어떤 글을 파악할 때에 그 글의 성격을 알아야 바르게 해석을 할 수 있습니다. 다음의 예문을 살펴보십시오.

나는 그녀를 죽였습니다.
진정 그녀를 죽이고 말았습니다.
이제 그녀를 묻고 살아갑니다.

이 글을 시로 읽는다면 사랑하는 사람을 잃은 애통함을 역설적으로 표현하고 있다고 할 수 있을 것입니다. 그러나 법정 기록물로 읽는다면 살인과 시체유기를 자백하는 글이 될 것입니다.

이와 같이 시를 법정 기록으로 읽거나, 법정 기록을 시로 이해한다면 그것은 오해이거나 또 다른 창작이지 결코 바른 해석을 했다고 볼 수 없는 것입니다. 그렇기에 복음서의 성격을 규정하는 일은 복음서를 이해하는 데 중요한 부분이며, 이를 통해 우리는 큰 도움을 얻을 수 있습니다.

## 복음서에 대하여

복음서는 잘 아시는 대로 예수 그리스도에 관한 기록입니다. 복음서들은 예수 그리스도의 행적과 그 의미들을 기록하고 있습니다. 그렇기에 거기에는 전기적인 요소도 있으며, 역사서적인 요소들도 있습니다. 그래서 많은 사람들이 복음서를 예수님의 전기로 생각하기도 하고, 역사적인 기록으로 보기도 했습니다.

그러나 복음서는 전기적인 기록이 있긴 하지만 전기가 아니며, 역사적인 기록이긴 하지만 역사서가 아닙니다. 복음서는 그 저자가 의도하는 어떤 목적을 위해서 씌었기에 복음서만의 독특성을 가지고 있습니다.

여기서 독특성이란 복음서 기자들이 하나님의 계시체인 예수 그리스도에 대해 각자의 이해와 해석, 저술 방식을 반영하였다는 것을 의미합니다. 그래서 네 권의 복음서가 비슷하면서도 다릅니다. 같은 사건에 대해서 전혀 다르게 설명한 부분도 많이 있습니다.

## 네 권의 복음서에 나타나는 모순들

어떤 사람들은 이렇게 다른 기록을 보면서 '성경이 모순된다.' 고 주장합니다. 그러나 그것은 성경을 하나님의 말씀으로 믿지 않으려는 사람들의 주장입니다. 성경은, 특히 복음서는 그 차이로 믿는 자와 믿지 않는 자에게 다르게 읽힙니다. 흔히 말하는 복음서의 문제들은 복음서의 문제가 아니라 독자들의 문제이며 믿지 않으려는 자들에게만 풀리지 않는 난제일 뿐입니다.

물론 복음서의 모든 문제를 다 해결했다고 자신할 수는 없습니다. 또한 모순되어 보이는 기록들을 다 완전히 조화시키진 못합니다. 하지만 많은 경우에는 깊이 관찰하고 연구하면 모순되어 보이던 그 기록들이 서로 어우러져서 입체적인 동영상을 만들어 냄을 보게 됩니다. 또한 여러 개의 복음서들이 다양한 시각으로 예수님의 행적을 다루고 있기 때문에 더욱 풍성한 이해가 주어집니다. 이처럼 입체적이고 풍성한 이해를 주시고자 성령님께서 복음서를 네 권이나 우리에게 주신 것입니다. 그렇기에 복음서는 진정으로 끊이지 않는 영적 샘물이며 보화입니다.


## 마태복음은 누구에게 쓴 것일까?

마태복음은 학자들의 연구에 따르면 유대 기독교인 공동체들에게 읽히도록 쓰인 것으로 생각됩니다. 그 근거는 여러 가지가 있는데, 그 중에 가장 간단히 알 수 있는 것은 유대인이 아니면 이해할 수 없는 것들이 설명 없이 쓰이고 있다는 사실입니다.

예를 들면 **마태복음 5:22**의 "라가" 같은 말은 아람어적 표현이며, 유대적인 욕입니다. 그런데 자연스럽게 설명 없이 쓰고 있습니다. 또한 **마태복음 15:2**에서는 장로들의 유전에 대해 모두가 알고 있는 것으로 전제하고 이야기가 진행되지만, 병행 본문인 **마가복음 7:2-4**에서는 이 장로들의 유전, 즉 유대인들의 관습에 대해서 따로 설명을 달고 있습니다. 그리고 하나님 나라에 대한 표현도 다른 복음서들에서는 '하나님 나라'라고 쓰이고 있지만, 마태복음에서는 주로 '천국(하늘나라)'라고 쓰고 있습니다. 이것은 유대인들이 '하나님'이란 말을 쉽게 쓰지 않는 것에서 기인합니다.

이런 점들을 여기서 다 말씀 드릴 수 없을 정도로 많습니다. 아마도 이후에 본문을 살펴보면서 수시로 만나게 될 것입니다. 아무튼 이런 이유들이 이 마태복음의 1차 독자를 유대인들이었다고 생각하게 해줍니다.


## 마태복음의 주제

마태복음의 1차 독자인 유대인들에게 구약의 계시는 참으로 중요합니다. 그렇기에 그들에게 '예수 그리스도는 구약의 예언들과 어떤 관계를 가지는가?'는 참으로 중요한 문제였을 것입니다. 그래서 마태는 1차 독자인 유대인들에게 예수님에 대해서 증거 하기 위하여 그 주제를 '구약의 예언을 성취하시는 예수님'으로 잡고 있습니다.

## 그때와 오늘, 거기와 여기

이런 것들이 마태복음을 이해하기 위해 필요한 기본적인 내용입니다. 여기에 좀 더 일반적이고 중요하게 고려해야 할 문제가 있습니다. 시간과 공간의 차이를 인식하는 것입니다. 신약 성경은 2000년 전에 쓰였습니다. 그리고 우리가 살고 있는 이곳과 매우 먼 지역에서 일어난 일입니다. 이것은 큰 차이를 만들 것이고, 그렇기에 우리가 이해하거나 받아들이기 어려운 것들이 많으리라는 것을 인정해야 합니다.

실례를 하나를 들어보겠습니다. A.D. 7년에 로마의 황제는 칼리굴라였습니다. 그는 칙령으로 예루살렘 성전에 자신의 동상을 세우라고 명했습니다. 그런데 예루살렘의 지방 총독이 유대인들의 심한 반발을 염려하여 재고해 주기를 상소합니다. 물론 칼리굴라가 이를 받아들여줄리 없죠. 다시 황제의 칙사를 태운 배가 로마를 떠났습니다. 이 배는 예루살렘에까지 도착하는데 3개월이 걸렸습니다. 그런데 배가 떠난 후 얼마 지나지 않아 칼리굴라가 암살을 당했고, 그 소식과 그의 정책들이 종료되는 것을 알리는 배가 다시 예루살렘으로 떠났습니다. 하지만 후에 떠났던 배가 먼저 떠난 배보다 27일이나 먼저 예루살렘에 도착했습니다. 그래서 일어날 뻔했던 성전 모독 사건과 그에 따른 유대인들의 동요는 일어나지 않았습니다.

이는 빛처럼 빠른 통신과 교통수단이 발달해 있는 오늘날에는 예상하기 어려운 일입니다. 특히 왕정 국가를 전제로 쓰인 성경의 기록은 민주주의 시대를 사는 오늘날 우리에게는 매우 낯선 내용일 때가 많습니다. 삶의 전반적인 조건과 태도에서 큰 차이가 있기에 그 때 거기에서 쓰인 기록을 오늘 여기에서 살고 있는 우리가 바르게 해석하고 이해한다는 것은 결코 만만한 일이 아닙니다.

## 이상을 정리해보면

1. 글의 성격을 아는 일은 바른 해석과 이해에 있어서 매우 중요하다.
2. 복음서는 역사서나 전기가 아니라 계시이신 예수 그리스도에 대한 이해와 해석을 위해서 쓴 신학적인 글이다.
3. 복음서 중에서 마태복음은 유대인들을 1차 독자로 하고 있다.
4. 그래서 마태복음은 구약의 성취이신 예수 그리스도임을 보이는 것을 주제로 하고 있다.
5. 이러한 내재적인 어려움 뿐 아니라 본문과 우리가 만나는데도 그 때와 오늘, 거기와 여기라는 차이가 상당한 어려움을 가중하고 있다.

## 살아 있는 하나님의 말씀

이런 사항을 숙지하면서 마태복음을 이해하는 것이 중요합니다. 하지만 이렇게 보면 본문을 바르게 이해한다는 것은 불가능해 보일 수도 있습니다. 그래서 현대 학자들은 자신들이 이해할 수 있다고 생각되거나 믿는 부분만 잘라서 보려고 합니다. 예를 들자면 일부 학자는 '비신화화'라는 용어를 쓰면서 성경에서 자신이 믿지 못하는 부분을 잘라 내버리거나 왜곡해 놓고 해석합니다.

하지만 이렇게 하면 성경을 해석하는 것이 아니라 성경을 자신의 학문적 가치를 입증하는 도구로 쓰고 있는 것뿐입니다. 성경을 해석한다는 것은 성경을 통하여 말씀하시는 하나님의 뜻을 알고자 하는 일입니다. 이것이 위에 나열한 여러 가지 어려움으로 인하여 불가능해 보인다고 할지라도 성경에다 난도질을 해서는 안 됩니다.

차라리 자신의 무지와 한계를 고백하고 깨달을 수 있는 지혜를 구해야 합니다. 하나님께서는 지혜를 구하는 자에게 꾸짖지 않으시고 후히 주신다고 약속하셨기 때문입니다. 성령님을 의지하여 바른 하나님의 말씀을 가르쳐주시기를 기도해야 합니다. 그러면 성령님께서는 예수 그리스도의 몸 된 교회 위에 하나님의 말씀을 직접 말씀하시듯 주십니다. 그리고 그 말씀은 그저 인간적인 교훈의 수준이 아니라 우리를 예리하게 찌르고 쪼개십니다.

히4:12하나님의 말씀은 살았고 운동력이 있어 좌우에 날선 어떤 검보다도 예리하여 혼과 영과 및 관절과 골수를 찔러 쪼개기까지 하며 또 마음의 생각과 뜻을 감찰하나니 그리하여 더럽고 어두움에 거하는 우리에게 빛을 주시고, 추하고 나약한 죄인 됨을 벗고 고도한 하나님 나라 백성으로서 갖춰야 할 덕목과 능력을 덧입혀 주십니다.

이 책은 작고 연약한 공동체에게 내려주신 하나님의 말씀입니다. 이 말씀은 마치 어른께서 자손들에게 훈육하시는 음성처럼 때로는 자상하고 따뜻하게 위로를 주시고, 때로는 엄하고 냉정하게 꾸짖으셨습니다. 때로는 격려하시고, 때로는 압박하시고, 때로는 매로 치셨습니다. 그 속에 기쁨과 아픔, 감사와 서운함, 그리고 눈물과 위로가 있었습니다. 하지만 우리는 하나님의 말씀으로써 역사하심을 분명히 보았습니다. 우리에게 하신 말씀이 보편적인 하나님 나라 백성들에게 어떻게 작용할지 두려운 마음이 있지만, 저희만 듣고 말도록 하신 것이 아니리라 생각합니다.

# 제1장

메시야 족보의 진실은 무엇인가!

## 마태복음 1장 1-17절

● ● ¹아브라함과 다윗의 자손 예수 그리스도의 세계라 ²아브라함이 이삭을 낳고 이삭은 야곱을 낳고 야곱은 유다와 그의 형제를 낳고 ³유다는 다말에게서 베레스와 세라를 낳고 베레스는 헤스론을 낳고 헤스론은 람을 낳고 ⁴람은 아미나답을 낳고 아미나답은 나손을 낳고 나손은 살몬을 낳고 ⁵살몬은 라합에게서 보아스를 낳고 보아스는 룻에게서 오벳을 낳고 오벳은 이새를 낳고 ⁶이새는 다윗 왕을 낳으니라 다윗은 우리야의 아내에게서 솔로몬을 낳고 ⁷솔로몬은 르호보암을 낳고 르호보암은 아비야를 낳고 아비야는 아사를 낳고 ⁸아사는 여호사밧을 낳고 여호사밧은 요람을 낳고 요람은 웃시야를 낳고 ⁹웃시야는 요담을 낳고 요담은 아하스를 낳고 아하스는 히스기야를 낳고 ¹⁰히스기야는 므낫세를 낳고 므낫세는 아몬을 낳고 아몬은 요시야를 낳고 ¹¹바벨론으로 이거할 때에 요시야는 여고냐와 그의 형제를 낳으니라 ¹²바벨론으로 이거한 후에 여고냐는 스알디엘을 낳고 스알디엘은 스룹바벨을 낳고 ¹³스룹바벨은 아비훗을 낳고 아비훗은 엘리아김을 낳고 엘리아김은 아소르를 낳고 ¹⁴아소르는 사독을 낳고 사독은 아킴을 낳고 아킴은 엘리웃을 낳고 ¹⁵엘리웃은 엘르아살을 낳고 엘르아살은 맛단을 낳고 맛단은 야곱을 낳고 ¹⁶야곱은 마리아의 남편 요셉을 낳았으니 마리아에게서 그리스도라 칭하는 예수가 나시니라 ¹⁷그런즉 모든 대수가 아브라함부터 다윗까지 열 네 대요 다윗부터 바벨론으로 이거할 때까지 열 네 대요 바벨론으로 이거한 후부터 그리스도까지 열 네대더라 ● ●

*ἕνας*

## 새로운 시작

마태복음 1장은 '예수 그리스도는 누구신가?'에 대해서 말해 주고 있습니다. 그 중에서 앞의 본문은 족보, 즉 역사적인 맥락에서 예수님이 누구신지를 설명하는 장입니다. 1:1을 보겠습니다.

<sup></sup>마1:1아브라함과 다윗의 자손 예수 그리스도의 세계라

우리말 성경에서는 마태복음이 '아브라함'이라는 이름으로 시작하지만 원어성경에는 '비블로스 게네세오스(biblo" genesew")'라는 말로 시작합니다. 앞에 있는 '비블로스'라는 단어는 책을

의미하고, 뒤의 '게네세오스'는 '족보, 시작, 기원 탄생, 창조' 등을 의미합니다.

구약 성경은 유대인의 언어인 히브리어로 씌었습니다. 이것을 고대에 헬라어로 번역해 놓은 것이 '70인역'입니다. 예수님 당시에는 유대가 로마의 식민지였기 때문에 이미 헬라 문화권이 되었습니다. 그래서 성경도 자신들의 언어인 히브리어 성경을 본 것이 아니라 헬라어로 되어 있는 '70인 역'을 보편적으로 보았습니다. 우리가 '개역 성경'을 보는 것처럼 예수님 당시에 유대인들과 초기 기독교인들은 '70인 역'을 보았다고 말할 수 있습니다.

'70인역'에 이 표현(비블로스 게네세오스:biblo" genesew")이 창세기 2:4과 5:1, 이렇게 두 번 나옵니다. 그리고 신약 성경인 마태복음의 시작인 1:1에도 이와 동일한 표현이 나타납니다.

창2:4 **천지의 대략**이 이러하니라.(biblo" genesew" ouranou kai gh")

창5:1 **아담 자손의 계보**가 이러하니라.(biblo" genesew" anqrwpwn)

마1:1 **예수 그리스도의 세계**라.(Bivblo" genevsew" !Ihsou' Cristou')

우리말 성경에선 다르게 번역되었지만 모두 다 '비블로스 게네세오스(biblo" genesew")'가 쓰였습니다. 천지에 대한 설명을 시작하며, 아담(인간) 자손에 대한 설명을 시작하면서, 그리고 마태는 예수님에 대해 설명하기 위하여 '비블로스 게네세오스'라고 시작하고 있습니다. '비블로스'는 두루마리 책을 의미하는 단어입니다. 또한 '게네세오스'는 창세기의 제목에 해당합니다.

여기서 보여주고 싶은 마태의 의도는 분명합니다. 예수님의 탄생은 세상 창조에 버금가는 사건이며, 새 인류의 시작을 알리는 사건이라는 것입니다. 동시에 예수님은 아브라함과 다윗의 자손으로 오실 것으로 예언된 그리스도(메시야)라고 주장하고 있습니다. 그리고서는 다소 긴 족보를 나열하면서 이 사실을 논증합니다.

## 과거 왕족의 족보, 미래의 메시야의 족보

2절부터는 족보가 제시됩니다. 그런데 이 족보는 여러 가지 문제가 있습니다. 마태는 이 족보가 14대씩 구성되어 있다고 했지만 실제로는 중첩해서 들어가는 사람들도 있고, 누락되어 있는 사람들도 있습니다.[1] 여기서 자세한 문제들을 다 설명하고 변증하기에는 복잡하니 간단하게 설명하고 넘어가겠습니다.

족보에 나타난 문제에 대한 해결의 가장 중요한 초점은 여기에 제시된 족보가 1차 독자인 유대인들에게는 너무나 잘 알려진 족보였다는 사실입니다. 왜냐하면 왕의 족보였기 때문입니다. 우리도 "태정태세문단세……" 이런 식으로 조선왕조의 족보 정도는 일반사람들 대부분이 알고 있듯이 말입니다.

마찬가지로 지금 제시되는 이 족보는 유대인들이 누구나 다

---

1 이 족보는 여러 가지 문제를 안고 있다. 특히 가운데 기간에 속하는 20명의 유다 왕들 중에서 6명을 누락 시키고 있다. 이는 있는 그대로의 족보를 기록했다기보다는 강조점을 드러내기 위한 상징적 기록이라고 봐야한다. 또한 14라는 수는 완전수 7 + 7을 의미하며, 이것이 3회 반복됨으로써 완성의 때가 도래하고 있음을 보여주고 있다. 좀 더 자세한 내용은 양용의, 「마태복음 어떻게 읽을 것인가」 45-46을 참조.

아는 족보였습니다. 이렇게 누구나 다 아는 족보를 굳이 처음부터 끝까지 쓸 필요가 있겠습니까? 그럴 필요는 없습니다. 그래서 마태는 이 족보를 간략하게 14 + 14 + 14로 정리했고, 그 당시 사람들에게는 문제가 되지 않았습니다. 오히려 모든 속보를 나 썼다면 "너무 잘 알고 있는데 굳이 이렇게 다 써야 하나?" 라고 불평했을지도 모릅니다.

이것과 비교해 보면 누가복음은 그 경우가 다릅니다. 누가는 비교적 상세하게 적고 있습니다. 물론 누가복음도 족보를 전부 기록하고 있는 것은 아니지만, 이방인들을 1차 독자로 하고 있기 때문에 좀 더 자세한 설명이 필요했습니다. 제가 말씀드리려고 하는 것은 이런 식의 족보가 현대에 사는 우리가 보기에는 문제가 있어 보이고 이해가 가지 않는 부분이 있다 하더라도 그것은 우리의 문제일 뿐이지 당시엔 너무나 자연스럽고, 당연한 것이고 문제가 없습니다.


## 족보에 네 명의 여성을 기록한 이유

이렇게 당연히 알고 있을 것을 전제로 족보를 요약해서 쓰면서, 마태는 당시 유대인들이 보기에는 상당히 이상한 일을 했습니다. 족보 안에 여인들의 이름을 넣은 것입니다. 아니 오히려 이 여인들을 족보에 넣기 위해서 족보를 좀 더 길게 적고 있습니다.

생각해 보십시오. 다시 강조하지만 지금 이 글은 유대인들에게 쓴 글입니다. 유대인들은 위에서 살펴본 아브라함과 다윗으로 이

어지는 메시야의 족보에 대해 누구나 알고 있습니다. 그렇기에 아브라함부터 다윗까지의 족보는 굳이 쓸 이유가 없습니다. 이 부분은 누가 써도 다른 내용일 수 없습니다. 다르다면 틀린 족보이거나 다른 가문의 족보일 뿐입니다. 예수님이 족보상으로 메시야 족보를 타고 나셨다는 사실을 확실하게 쓰려고 했다면, 그냥 다윗 왕부터 쓰면 됩니다. 그런데도 아브라함부터 다윗까지의 족보를 생략하지 않고 다 쓰고 있습니다.

그리고 그 부분에 문제의 여인들이 다 나옵니다. 이 여인들이 거론되는 부분을 좀 자세히 살펴보도록 하겠습니다. 3, 5, 6절입니다.


### <sup>마1:3</sup>유다는 다말에게서 베레스와 세라를 낳고

다말이 누구죠? 유다의 며느리입니다. 이것은 창세기 38장에 기록된 사건입니다. 유다의 첫째 아들이자 다말의 남편인 엘이 자식이 없이 죽습니다. 당시 여성들에게는 경제권이 없었기에 자식이 없으면 형사취수제로 형제가 자식을 낳아줘야 했습니다. 그런데 유다의 둘째 아들이 형수에게 자식이 생기면 자기의 재산을 나눠줘야 하기에, 그게 싫어서 일부러 애를 갖지 못하게 합니다. 그러다가 하나님께 저주를 받아 죽습니다.

이렇게 두 아들을 잃은 유다는 막내아들이 어리다는 핑계로 다말을 친정으로 돌려보낸 뒤 크면 돌아오라고 했습니다. 그런데 막내아들이 커서 충분한 때가 되었는데도 자신을 부르지 않자, 다말은 당시 상처(喪妻)한 유다에게 창녀인 양 변장하고 가서 유혹하여 성관계를 갖습니다. 그렇게 해서 낳은 아들이 바로 베레스와 세라입니다. 정말 황당한 기록입니다.

### 마1:5上 **살몬은 라합에게서 보아스를 낳고**

여기의 라합은 이스라엘 민족이 애굽에서 나와 가나안을 정복할 당시에 여리고로 정탐 왔던 정탐꾼을 숨겨준 라합입니다. 이 라합도 여러분 잘 아시는 대로 '기생 라합'이라고 불렸습니다. 기생이 무슨 일을 하는 직업인지 굳이 말씀을 드리지 않아도 되리라 생각합니다.

### 마1:5下 **보아스는 룻에게서 오벳을 낳고**

여기 룻이 나오는데요. 룻은 룻기의 바로 그 룻입니다. 나오미의 며느리로서 남편이 일찍 죽었는데, 끝까지 시어머니를 좇아와서 결국엔 보아스와 재혼한 여인입니다.

### 마1:6下 **다윗은 우리야의 아내에게서 솔로몬을 낳고**

이 부분을 읽으시면서 아무 느낌이 없으십니까? 아니, 왜 남의 아내에게서 애를 낳고 그럽니까? 우리야는 다윗 수하의 군인이었습니다. 다윗이 부정한 일을 감추기 위해 우리야를 적진으로 보내어 전사시킵니다. 그 우리야의 아내가 바로 밧세바이고 솔로몬의 어머니죠. 성경 말씀이 죄에 대해 얼마나 집요한지 보십시오.

성경은 끝까지 밧세바를 다윗이 아닌 '우리야의 아내'라고 하고 있습니다. 다윗의 아들 솔로몬을 낳았더라도 말입니다.

이처럼 모두 정상적인 결혼을 한 여인들이 아니었습니다. 물론 당시 관습상 죄가 아닌 경우도 있습니다만, 경악스러울 만큼 엽기적인 사건들도 포함하고 있습니다.

## 거룩한 이스라엘 민족?

그런데 유대인의 입장에서는 위의 문제보다 더 감추고 싶은 문제가 있습니다. 그것은 네 명이 모두 이방인이라는 사실입니다. **다말**은 유대인들의 문헌 속에서 이방인으로 간주됩니다. **라합**은 가나안 정복 당시 여리고의 '**기생 라합**'으로 당연히 이방 여인이었고요. **룻**은 룻기를 잘 아시다시피 시어머니의 하나님을 자신의 하나님으로 고백하며 끝까지 따라왔던 이방 여인이었습니다. 마지막으로 **밧세바**는 그 남편이 '**헷 사람 우리야**' 즉, 이방 사람입니다. 그렇기에 그녀도 자연히 이방 사람입니다.

마태가 기록한 이 족보를 경건한 유대인들이 보았다면 아마도 혈압으로 쓰러졌을 것입니다. 자신들의 왕의 족보에, 메시야의 족보에 이렇게 이방인의 피가 흐르고 있다는 사실을 부정할 수 없었기 때문에 말입니다.

이렇게 이 족보는 온갖 죄의 모습과 혼잡이 들어있는 족보입니다. 결코 특별할 것 없는 족보입니다. 유대인들은 자신들의 순전성과 거룩성 때문에 하나님의 백성이 되었고, 자신들이 더 깨끗해지면 메시야가 와서 이방인들의 압제에서 자신들을 구원하고, 더 나아가 자신들이 세상을 지배하게 될 것으로 믿고 있었습니다. 그리고 이런 메시야가 아브라함과 디윗 왕의 자손으로 오는 것은 그 족보가 특별히 구별되어서 거룩하고, 위대하기 때문이라는 막연한 생각을 하고 있었습니다.

이에 대해 마태는 **"과연 그런가 한 번 봐라!"** 라고 그들도 잘 알면서도 감추고 있던 역사를 재조명 해주고 있습니다. 족보에 이 여인들을 넣어서 실제 역사에 눈을 뜨게 했습니다. 마태가 기술한 족보를 통해서 눈을 뜨고 본 역사는 자신들이 생각하던 것과는 전혀 달랐습니다. 위대하다고 여기던 메시야의 족보가 이미 인간의 죄악으로 가득 차 있던 족보였습니다. 거룩하다고 여기던 메시야의 족보에는 이미 이방인들이 중요한 역할을 하고 있었습니다.

유대인들은 자신들이 잘나서 하나님의 선택을 받았고, 그래서 자신들만이 하나님의 은혜 안에 있는 하나님의 백성이라는 선민사상 속에 있었습니다. 그러나 하나님의 은혜는 이미 구약부터 모든 족속이 하나님의 복을 받을 것을 내다보고 있던 것입니다. **너는 복의 근원이 될 것이다. 땅의 <u>모든 족속</u>이 너로 인하여 복을 얻을 것이다.**(창12:2-3)

그러나 유대인들은 이 말씀을 심각하게 오해하고 있었습니다. 유대인들은 모든 족속이 복을 받을 수 있도록 복의 통로, 관으로서의 역할을 했어야 했습니다. 그들은 복을 나르는 수도꼭지가 되어 수도가 들어간 지역에 하나님의 은혜를 쏟아 내야 했던 자들입니다. 그런데 수도가, 수돗물이 자신의 것이라고 착각하면서 수관을 막아버리고 아무에게도 물을 전달하지 않았습니다. 그렇기에 폐기 처분됨이 마땅합니다. 그래서 복음, 재창조 사역인 예수 그리스도를 통한 구원의 사명이 유대인을 넘어서 이방인에게 옮겨 왔습니다.

## 이제 우리가 복의 근원이다

본문은 예수 그리스도를 통한 새로운 창조, 새로운 창세기의 시작을 말씀하고 있습니다. 그리고 그 새로운 창조물, 구원받은 하나님 백성들이 바로 이 자리에 계신 여러분과 저입니다. 우리는 하나님께서 약속하셨던 씨, 땅, 복을 이미 받은 자들입니다. 약속되셨던 씨이신 '예수 그리스도를 받은 자'들이며, 영적인 땅인 '하나님 나라를 받은 자'들입니다. 또한 영생의 복인 '하나님과 교제하는 복을 누리는 자'들입니다.

하지만 과연 우리가 이 복들을 좋아하는지 자문해 봐야 합니다. 아니 이것을 복이라고 생각은 하는지 의심이 들기까지 합니다. 예수님, 하나님 나라, 하나님과의 교제 등을 통해 오히려 자신이 얻고자 하는 현실적이고 물질적인 복을 위한 수단으로 여기고 있는 것이 아닌지 살펴봐야 합니다. 예수 그리스도로 말미암아 새로운 피조물로 탄생해서 거룩한 하나님 나라 백성이 되었으면서도, 여전히 이 세상 것들에 대한 욕구와 욕망을 떨치지 못할 뿐 아니라 도리어 내 요구를 들어달라고 떼를 쓰고 있을 수 있습니다. 하나님과의 교제인 기도가 여전히 자기중심적인 문제에 머물러 있다면 새로운 창조가 무엇이고 복이 무엇인지 도무지 깨닫지 못하고 있는 것입니다.

예수님을 믿는다는 것은 그저 한 부분의 변화, 나의 삶의 변화를 말하고 있는 것이 아닙니다. 전 우주적이고, 전 시간적인 변화입니다. 예수 그리스도의 새로운 창조라는 거대하고 완전한 변화 앞에서 우리가 고집스럽게 잡고 있는 것은, 사도 바울의 고백처럼 쓰레기에 불과한 것들일 수 있습니다. 이 세상 것은 필요 없다는 플라톤적 이원론을 이야기 하고자 하는 것이 아니고 그 모든 존재 목적의 변화를 말하고자 함입니다. 자신을 중심으로 사고해나가던 생각의 패턴을 버리고 예수 그리스도께서 가져다주신 구원과 하나님 나라를 위한 자신을 사고해야 합니다.

이것은 깨닫고 한 번 마음먹고, 다짐한다고 해서 되는 것이 아닙니다. 지속적으로 이런 양식의 사고를 고수하기 위하여 노력해야 하고, 훈련해야 하고, 또한 확장해야 하며, 확립해야 합니다. 이것을 우리가 어떻게 실현할 수 있을까? 어떻게 시작하고 어떤 방향으로 진전시켜야 하는지 구체적으로 말씀해 주신 것이 바로 우리의 믿음의 조상 아브라함에게 하셨던 "복의 근원이 되라"는 명령입니다. 이를 수행할 수 있도록 예수 그리스도께서 우리를 회복시켜 주신 것입니다.

그러므로 "복의 근원이 되라"라고 하신 말씀대로 우리는 복의 근원이 되어야 합니다. 샘의 근원은 물을 쏟아내서 목마른 들판과 짐승을 마시게 하는 것이고, 복의 근원에서는 복을 쏟아내서 아직 복을 얻지 못한 자들에게 하나님의 복을 얻게 해야 합니다.

우리가 복을 받는 것이 아니라 우리로 말미암아 다른 이들이 복을 받아야 한다는 말입니다. 우리로 인하여 모든 족속, 모든 사람들이 복을 받아야 합니다. 하나님의 복과 은혜가 우리를 타고, 우리가 가는 그 곳에 쏟아지도록 해야 합니다. 우리의 사명은 복의 근원, 복의 수도꼭지가 되는 것입니다.

그러나 현실의 그리스도인들이 과연 이 사명을 제대로 감당하고 있는지 생각해 보지 않을 수 없습니다. '자신들이 뭔가 잘나서 하나님의 은혜를 입었다고 믿고 있는 것이 아닌가?' 묻지 않을 수 없습니다. 이스라엘 사람들과 같은 선민의식 속에 사로잡혀서 우리에게 주어진 복은 우리 것이라고 착각하고 사는 것이 아닌지 돌아봐야 합니다. 계속 자신들이 순결하고 거룩한 존재로서 뭔가 우월하다는 생각을 버리지 않는다면, 예수 그리스도의 족보라 할지라도 그 썩고 추악한 속을 확 드러내셨듯이 우리의 속을 다 드러내어 부끄럽게 하실 것입니다. 만일 그렇다면 유대인들처럼 폐기 처분되어 마땅합니다. 하나님 나라 백성 됨이 취소되진 않는다 할지라도, 우리는 우리가 누리는 복의 근원으로서, 수도꼭지로서의 위치는 잃게 될 것입니다. 우리에게 주어진 이러한 사명을 기억하시고, 복의 근원된 자, 복의 전달자로서의 사명에 충실한 우리가 되어야 합니다.

# 제**2**장

동정녀 탄생의 의미

## 마태복음 1장 18절

● ● 18예수 그리스도의 나심은 이러하니라 그 모친 마리아가 요셉과 정혼하고 동거하 기 전에 성령으로 잉태된 것이 나타났더니 ● ●

δύο

우리는 앞에서 예수 그리스도의 족보를 살펴보았습니다. 그 결과 일반적인 기대, 특히 유대인들과 우리들의 기대와는 달리 아브라함과 다윗의 족보는 뛰어나지도, 거룩하지도, 의롭지도 않았습니다. 그저 평범한 인간들의 족보였습니다. 오히려 여러 가지 측면에서 심각한 문제를 지닌 족보입니다. 이 족보에 속해 있다는 사실 자체로 거룩함과 의로움을 제공받으며, 구원이 보장된다고 결코 생각할 수 없을 만한 족보입니다.

아브라함의 자손 즉, 유대민족을 통해서 메시야가 오신 이유는 '언약' 이외에 그 원인을 찾을 수가 없습니다. 그리고 그 언약을 주신 이유는 모든 족속이 복을 받기 위함입니다. 아브라함과 그 자손들이 세상에 복을 전달하는 복의 근원이 되도록 하여서 세상이 복을 받게 하신 것이었습니다. 그것이 궁극적인 목적입니다. 그런데도 유대인들은 자신들이 아브라함의 자손이라는 이유만으로 자신들만이 선민이고, 하나님의 은혜와 복이 자신들만의 것이라고 오해했습니다. 이것이 유대주의, 선민주의로 발전하였고 결국 하나님의 진노를 초래하였습니다.

## 가장 중요한 교리

오늘의 본문에서는 예수님의 잉태 사건과 이름에 관한 기록을 보게 됩니다. 기독교에서 가장 중요한 교리인 예수 그리스도께서 동정녀에게 잉태되셨다는 내용의 본문입니다. 이 교리는 가장 중요한 교리이면서도 많은 사람들에게 걸림돌이 되고 있습니다. 왜냐하면 인간 이성의 한계 안에서는 믿을 수 없는 일이기 때문입니다. 그럼에도 불구하고 교회는 역사적으로 이 교리에 대해서 강력하게 주장해 왔습니다.

아무리 합리주의적인 도전과 타협이 침투해 들어와도 '이것에 대해서 우리가 다 알고, 다 이해하고 있다고 말할 수는 없다. 왜냐하면 이것은 신비이기 때문이다. 그러나 이것이 성경이 말씀해 주시는 것이고 그렇기에 우리는 이것을 다 이해할 수 없다고 하더라도 믿는다.'라고 고백해 왔습니다. 오늘날도 교회는 이 교리를 분명하게 믿고 있습니다.

우리는 예배할 때에 '사도신경'을 사용합니다, 이것은 성경에 대한 많은 해석들이 있을 수 있으나 우리 공동체는 '사도신경'이 제시하는 대로 믿는다는 고백이자 선언입니다. 이렇게 하여 자

신들의 믿는 바를 통일하고, 이 통일된 믿음의 내용을 순결하게 지켜 나가고자 이 고백을 받아서 함께 합니다. 이런 기준이 없거나 무시한다면 교회는 늘 분열하여 통일성을 찾을 수 없거나, 아무 것이나 좋은 것이 좋은 것이라고 받아들이는 혼합주의에 물들게 됩니다.

이렇게 신앙의 기본적인 기준이 되는 '사도신경'에는 '성령으로 잉태되사, 동정녀 마리아에게서 나셨다'라는 내용이 들어 있습니다. 이처럼 예수님의 성령으로 잉태되심과 동정녀 마리아에게서 나심은 가장 중요한 믿음의 교리이며, 이것을 받아들이지 못한다면 아직 '구원의 신앙'에 이르지 못한 것입니다. 그저 이성적인 것, 자신이 이해할 수 있는 것들만 받아들이고, 이성을 넘어선 내용, 하나님의 신비와 관련된 내용들은 도무지 받아들이지 않으려는 태도는 하나님을 믿는 것이 아닙니다. 자신의 이성을 믿는 것이고, 이신론(理神論)을 믿고 있을 뿐입니다. 이성의 한계 안에 하나님이 들어오지 않는다고 해서 하나님을 부정하는 것은, 늘 500원 짜리 동전을 받아서 과자를 사먹던 어린아이에게 만 원짜리 지폐를 주자 돈이 아니라고 버리는 것과 같습니다.

## 양의 탈을 쓰고 들어온 늑대

바른 신앙, 구원의 신앙을 거부하면서도 자신이 기독교인이라고 하는 자들이 오늘날 교회 안에 참으로 많이 있습니다. 이들은 오히려 자신들이야말로 똑똑한 사람들이며, 진보적인 신앙을 가진 자라고 여기면서 교회의 참된 믿음을 어지럽히고 있습니다. 역사 속에서 교회는 그리스도께서 교회에 내려주신 권한으로 이런 자들을 이단으로 정죄하고 교회 밖으로 내어 쫓아서 참 교회의 믿음을 순결하게 지켜냈습니다.

그런데 오늘날의 교회들은 더 이상 이 일을 감당하지 못하고 과거에 우리의 신앙의 선배들, 사도교회와 초대교회, 교부교회, 그리고 거룩한 공의회에서 이단으로 정죄하였던 자들을 멀쩡히 교회 안에 두는 경우가 있습니다. 도리어 그들이 교회의 선생으로 자리하면서 교회를 어두움 가운데로 몰고 가기도 합니다. 교회를 어두움 가운데로, 배교의 수렁으로 몰고 가는 자들은 오늘의 본문을 보면서도 잘난 척, 똑똑한 척 하면서 다음과 같이 주장합니다.

'동정녀에게서 메시야가 탄생한다는 것은 일종의 근동 지역의 영웅들의 탄생 신화를 본뜬 것이다. 예수가 성령으로 잉태되고 처녀에게서 태어났다는 것은 역사적인 사실이 아니다. 역사적인 사실은 예수가 사생아였다는 것이다. 예수가 사생아였다는 사실에 대해 변호하기 위해서 이 사실을 신화처럼 만들어 낸 것이다. 그러므로 우리는 이런 신화를 믿을 것이 아니라 그렇게 신화화된 성경 속에서 예수가 전하려고 했던 진정한 메시지를 골라내야 한다.'

이런 주장을 굉장히 똑똑한 척하면서 하고 있습니다. 그러나 이런 주장이 똑똑해 보이고, 합리적이며, 현실적으로 보인다 하더라도 이런 것을 믿어서는 '구원의 신앙'에 다다르지 못합니다.

그리고 사실 이런 주장은 그리 똑똑한 주장도 못됩니다. 지금 믿지 않는 사람들, 예전에 믿지 않고 있을 때 여러분이 오늘 본문을 읽었다고 생각해 보십시오. 어떤 생각을 할 것 같습니까? 저는 고등학교 때부터 교회에 다녔는데, 믿음을 갖기 전에 이 부분을 읽고 '예수가 사생아였는데 이렇게 미화를 했구나.' 하는 정도의 생각을 했던 기억이 납니다. 아마 예수를 믿지 않는 사람들의 대부분은 그렇게 생각할 것이고, 예수를 믿지 못하는 이유가 되고 있습니다. 우리와 같이 예수님께서 성령으로 말미암아 잉태되셨고, 동정녀에게서 탄생하셨다고 생각하면 당연히 신앙을 갖게 됩니다.

예수를 믿지 않는 대부분의 사람들이 가지는 생각과 위에 말했던 똑똑한 척하는 사람들의 말을 비교해 보십시오. 일맥상통하지 않습니까? 논리를 세련되게 만들고, 용어만 그럴듯하게 첨가했지 사실 예수를 믿지 않는 사람들과 차이가 없이 같은 이야기를 하고 있습니다. 이렇게 해서 자신들이 믿지 않는 자들임을 분명히 드러내고 있습니다. 이들은 본래 하나님 나라 백성이 아닌데 하나님 나라 백성인 것처럼 꾸미고 들어온 양의 탈을 쓴 늑대들입니다.

사도바울이 고린도 교회에게 하신 경고가 바로 이것입니다. 고린도전서 5:2을 보십시오.

고전5:2**그리하고도 너희가 오히려 교만하여져서 어찌하여 통한히 여기지 아니하고 그 일 행한 자를 너희 중에서 물리치지 아니하였느냐**

이 말씀은 음행에 관하여 하신 말씀이지만 교리에 대해서도 다를 것이 없습니다. 아니 더 심각하게 생각해야 합니다. 고린도교회는 죄를 범한 자를 사랑으로 감싸 안는다는 미명으로 좋은 것이 좋은 것이라고 여기면서 이런 자를 내어 쫓지 않았고, 이것에 대해 사도 바울께서 심각히 꾸짖고 계십니다. 이것을 생각한다면 교회는 이상한 교리를 전파하는 자를 분명히 교회에서 내어 쫓아야 하지만 오늘의 교회는 그들을 교회 내에 두어서 자신들이 참으로 연약한 상태임을 여실히 드러내고 있습니다.

## 동정녀 탄생 기록을 합리적으로 이해하려면

저들이 주장하는 것에는 역사적, 객관적 근거가 없습니다. 그저 자신들이 이성적으로 생각해보니 그럴 것 같다는 것뿐입니다. 이들은 기본적으로 성경을 하나님 말씀으로 믿지 않기 때문에 성경을 액면 그대로 믿는 사람이야말로 원시인이라고 하면서, 이 본문은 마태가 사생아 예수를 변호하기 위해서 쓴 것으로 보는 것이 가장 합리적인 것이라고 주장합니다.

그러나 그들의 주장은 그들이 말하는 이성적인 측면으로 봐도 결코 합리적이지 않습니다. 본문에서 마태는 예수 그리스도의 출생 이야기를 시작하며 '성령으로 잉태되고 동정녀 마리아에게서 탄생했다'는 내용을 가장 먼저 말하고 있습니다. 이것은 마태가 지금 아주 적극적으로 이 사실을 말하고 싶어 한다는 것을 의미합니다. 변명은 조금이라도 더 합리적인 설명을 한 후에 하는 것이지 이와 같이 맨 처음에 선언하듯이 하지 않습니다.

만일 예수님께서 사생아이고, 그 사실을 사람들이 알았다면 당시 유대인들이 가만히 있었겠습니까? 아마도 이 문제는 예수님의 사역을 방해하는 가장 강한 도구로 사용되었을 것입니다. 그런데 예수님의 공생애 동안에 수많은 시비가 있었지만 사생아라는 시비를 건 기록이 없습니다. 아무도 예수님을 사생아라고 생각하지 않았음을 의미합니다. 아무도 모르는 사건을 굳이 이제 와서 변호할 이유가 없습니다.

있지도 않은 비판에 대해 변명을 한다고 꺼내서 긁어 부스럼을 만들고 있다고 보는 것이 합리적인 접근일까요? 오히려 마태가 위와 같은 구설수의 가능성이 혹여 있다고 하더라도 성령으로 잉태됨과 동정녀 탄생이라는 신비한 일을 기록한 중요한 이유가 있을 것으로 생각하는 것이 합리적이지 않을까요? 우린 그 이유가 무엇인지를 찾아야 합니다.


## 예수님이 요셉의 아들이라고?

결론부터 말하자면, 마태가 여기서 강력하게 주장한 것은 '**예수 그리스도의 기원, 혈통이 인간에게 있지 않다**'는 것입니다. 혈연적인 족보를 길게 나열해 놓고서는 완전히 뒤집고 있습니다. 요셉은 다윗의 자손입니다. 그래서 그의 아들로 태어나신 예수님은 메시야의 족보인 아브라함과 다윗의 자손이 되셨습니다. 하지만 예수님은 이 족보를 이어 받는 요셉의 혈연적인 아들은 아닙니다. 요셉의 피를 조금도 받지 않으셨습니다. 그러므로 예수님은 이 족보상으로는 아브라함과 다윗의 자손이 아니십니다.

그런데 어떻게 아브라함과 다윗의 자손이라고 말할 수 있습니까? 바로 정혼관계 때문입니다. 이스라엘의 정혼은 정식 혼례는 아닙니다. 일종의 약혼입니다. 그러나 오늘날의 약혼과는 사뭇 다릅니다. 오늘날은 약혼을 했다고 해서 정식적인 부부로 인정하지는 않습니다. 별다른 법적인 책임도 없습니다. 하지만 이스라엘에서의 정혼은 남녀가 같이 살지만 않을 뿐 사회적으로, 법적으로 공식적인 부부로 인정됩니다. 그래서 '누구의 아내'로 불렸습니다. 또 만일 정혼 상태에서 신랑이 죽으면 그 여자는 과부가 되었습니다. 정혼 기간은 대체로 약 1년 정도를 두게 되는데 일종의 신부의 부정에 대한 확인을 위한 유예 기간 같은 성격을 가졌기 때문에 정혼하면 당연히 정식 혼례를 하게 되어 있습니다.

요셉과 마리아가 이런 관계 속에 있습니다. 그렇다면 이제 마리아가 애를 낳으면 그는 누구의 아들이 되는 것입니까? 요셉의 아들이며, 다윗의 자손이 됩니다. 혈통적으로는 관련이 없는 정혼녀 마리아에게서 낳았지만 예수님은 법적으로 사회적으로 분명한 요셉의 아들입니다. 이것에 대해서 시비를 걸 수 없습니다. 오늘날도 혈연적으로 연결 되지 않더라도 어떤 사람을 양자로 맞이할 수 있습니다. 그러면 그는 법적인 측면에서 흠 없이 자식의 권리를 갖습니다.

## 유대인이 믿는 구원의 두 축을 무너뜨림

유대인들에게는 자신들이 구원을 얻을 것이라고 믿는 두 가지 축이 있습니다. 하나는 자신들의 거룩함이 자신들을 하나님의 백성으로 만들었고, 자신들이 거룩해서 자신들의 민족에게서 메시야가 나올 것이라는 믿음입니다. 또 하나의 구원의 축은 자신들이 아브라함의 자손이기 때문에 구원을 얻을 것이라는 믿음입니다.

앞에서 유대인 선민사상의 첫 번째 믿음이 무너지는 것을 보았습니다. 그들이 믿는 왕과 메시야의 족보에는 아무런 거룩성도, 순결함도 존재하지 않습니다. 평범할 뿐 아니라 전혀 순결하지 않은 족보라는 사실을 확인했습니다.

지금의 본문에서 유대인이 가지는 두 번째 믿음의 축이 무너지고 있습니다. 메시야이신 예수님께서 아브라함과 다윗의 혈통적 자손이 아니라고 말하고 있습니다. 다만, 그들이 인정할 수밖에 없는 법적인 측면에서만 아브라함과 다윗의 자손이라는 것입니다. 이 사실은 아브라함의 자손이기 때문에 구원을 얻을 것이라는 고정관념을 깨 버리는 것입니다.

마3:9속으로 아브라함이 우리 조상이라고 생각지 말라 내가 너희에게 이르노니 하나님이 능히 이 돌들로도 아브라함의 자손이 되게 하시리라

바로 이 말씀입니다. 유대인의 선민사상에 대해 얼마나 철저

히 부정하고 계시는지 볼 수 있습니다. 유대인이 기대하는 메시야와는 다른 분임을 보여줍니다. 마태는 성령으로 잉태되고 동정녀로 탄생하신 사건을 통해 혈연적으로 아브라함의 자손이기에 구원받을 권리가 있다고 생각하는 것이 근거 없음을 강력히 보여주고 있습니다.

## 조건 없이 받은 구원

이 글을 읽는 1차 독자였던 유대 그리스도인들은 이 기록을 통해서 자신들이 가지고 있던 유대 선민사상에 대해 심각한 지적을 받았습니다. 예수님을 믿는다고 하면서도 여전히 버리지 못했던 민족적, 인종적 우월성에 아무런 근거가 없음을 확인 받으며 뼈아픈 지적을 받고 있는 것입니다. 그리고 이것을 통해 자신들이 구원을 받을 그 어떤 조건이나 권리가 있다는 생각을 버리고 구원이란 온전히 예수님의 은혜로 얻는 것임을 깨닫기 시작했을 것입니다.

이는 민족적으로나 혈통적으로 유대인이 아닌 우리에게는 참으로 놀랍고 감격스러운 내용입니다. 유대인 앞에서 우리는 자기 비하의 심정을 가질 필요가 없습니다. 유대인들이 우리보다 더 우월한 지위를 가진 것 같은 이론을 하는 자들이 있습니다. 이미 사도행전에도 이런 상황이 기록되어 있습니다. 사실 그 당시 사도들을 포함한 모두가 이 오해를 하고 있었습니다. 이에 대해 성령님께서 지속적인 교정을 해주셨고, 사도바울이 강하게 나서서 온 교회의 확인을 받았습니다.

그럼에도 사람들은 여전히 유대인들을 특별한 지위에 두고 싶어 합니다. 베드로마저도 이 문제에 대해 바울의 지적을 받아야 했고, 히브리서의 공동체도 이 문제로 인하여 어려움을 당하고 있었습니다. 그리고 마태복음의 1차 독자들도 이 문제를 해결하지 못했습니다. 그래서 이렇게 가장 유대적인 복음서인 마태복음이 가장 철저하게 반유대적인 모습을 보여주고 있는 것입니다.

역사 속에서 이 문제는 여러 가지 모습으로 변환되어 나타났습니다. 이는 궁극적으로는 인간의 조건에 호소하고자 하는 심정에서 비롯된 것입니다. 구원을 받을 만한 그 어떤 조건, 매우 미미할지라도 아무튼 뭔가 조건이 있었기에 구원을 얻을 수 있었다고 말하고 싶은 것입니다. 그래야 자신의 구원도 뭔가 내게 구원을 얻을 만한 요소가 존재한다고 말할 수 있기 때문입니다.

분명히 유대인은 구약 시대의 교회이며, 구약 계시의 담지자들이며, 계승자들이었습니다. 하지만 그것이 이들을 특별한 지위에 머물 수 있도록 해주기보다는 도리어 그것 때문에 멸망의 길로 내달렸음을 기억해야 합니다. 유대인들은 포도나무의 원가지임에도 찍어내셨다는 사실을 보여주는 예로 작용하고 있습니다. 유대인들이 구약계시를 받아 가지고 있었기에 오히려 예수님을 죽이는 자들이 된 것입니다. 자신이 가지고 있다고 생각한 구원의 조건이 자신들을 더 큰 악으로 밀어 넣고 있음을 볼 수 있어야 합니다.

구원은 은혜입니다. 하나님께서는 은혜로 구원을 주십니다.

이것은 우리의 자격을 보시거나 선행과 공로를 보시고 구원하시는 것이 아닙니다. 내가 거룩하기 때문에 나를 택하고 구원하신 것이 아닙니다. 오히려 반대로 구원을 받아 영혼이 살아남으로 비로소 거룩함에 대한 감각이 생긴 것입니다. 이것을 오해하면 유대인들처럼 자신이 구원을 받을 만한 존재라고 자인하는 심정이 따라오게 됩니다. 그것은 일종의 공로의식을 이룹니다.

우리에게는 조건이나 공로가 없습니다. 그럼에도 불구하고 자꾸 우리 마음에는 '나는 똑똑해서 믿었고, 너는 무식해서 믿지 못했다'는 식의 구분과 '나는 거룩하고 구원받은 자이고, 너는 더럽고 죄인이다'라는 우월감 등을 가지게 됩니다. 이는 아브라함이 우리 조상이기에 우월하고 구원 받을 마땅한 존재이고, 너희는 아브라함의 자손으로 태어나지 못했으니 열등한 존재이며, 구원 받을 수 없다고 말하는 유대인들과 같은 행위입니다.

물론 신자가 되어 하나님을 알고 하나님의 말씀과 그분의 거룩함을 알아서 예전의 자신보다는 훨씬 나아진 것이 분명합니다. 현상적으로, 현실적으로 더 경건하고 바르고 거룩한 모습을 보일 수 있습니다. 그러나 거기까지 도달하게 된 것이 주의 은혜임을 생각한다면 그런 우월감을 가질 수 없습니다. 그보다는 주께서 나에게 은혜를 베풀어주지 않으셨다면 비참함에 그저 좋은 줄 알고 빠져 있었을 것을 인정하게 됩니다. 그렇기에 우월감보다는 불쌍한 심정을 갖고 저들에게도 우리와 동일한 은혜를 베풀어 주시길 기도하게 됩니다. 이것이 바로 복을 전달하는 자로서의 사명, 복의 근원으로서의 사명을 수행하는 한 걸음을 걷는 자의 모습입니다.

# 제**3**장

요셉, 그의 신앙

## 마태복음 1장 18-25절

● ● [18]예수 그리스도의 나심은 이러하니라 그 모친 마리아가 요셉과 정혼하고 동거하기 전에 성령으로 잉태된 것이 나타났더니 [19]그 남편 요셉은 의로운 사람이라 저를 드러내지 아니하고 가만히 끊고자 하여 [20]이 일을 생각할 때에 주의 사자가 현몽하여 가로되 다윗의 자손 요셉아 네 아내 마리아 데려오기를 무서워 말라 저에게 잉태된 자는 성령으로 된 것이라 [21]아들을 낳으리니 이름을 예수라 하라 이는 그가 자기 백성을 저희 죄에서 구원할 자이심이라 하니라 [22]이 모든 일의 된 것은 주께서 선지자로 하신 말씀을 이루려 하심이니 가라사대 [23]보라 처녀가 잉태하여 아들을 낳을 것이요 그 이름은 임마누엘이라 하리라 하셨으니 이를 번역한즉 하나님이 우리와 함께 계시다 함이라 [24]요셉이 잠을 깨어 일어나서 주의 사자의 분부대로 행하여 그 아내를 데려왔으나 [25]아들을 낳기까지 동침치 아니하더니 낳으매 이름을 예수라 하니라 ● ●

τρία

유대인들은 자신들이 순결하고 거룩하며 약속을 받은 다윗과 아브라함의 자손이기에 구원을 받을 조건을 가지고 있다고 믿고 있었습니다. 그런데 마태는 그들이 감추고 싶던 족보의 실체를 보여 주었습니다. 누구나 알고 있었으나 누구도 말하기 싫어하던 4명의 여인을 주목하게 만들었습니다. 그리 거룩하지도, 순결하지도 않은 4명의 여인이 포함된 유대인들의 족보는 자신들이 순결하고 거룩하기 때문에 구원 받게 될 것이라는 유대인들의 입을 막기에 충분했습니다.

또한 유대인들은 혈연으로 이어진 민족적 정체성이 구원의 절대 조건이라고 생각했습니다. 그런데 메시야이신 예수님께서는 혈연적으로는 다윗과 아브라함의 자손이 아니었습니다. 하지만 예수님을 다윗과 아브라함의 자손이라고 인정할 수밖에 없었습니다. 이로써 유대민족이라는 조건으로 인해 오직 자신들에게만 구원이 주어질 것이란 확신이 무너졌습니다. 누구라도 약속의 자손이 될 수 있다는 사실을 분명히 보여준 것입니다. 결국 복음은 유대민족이라는 한계를 넘어서 온 세계로 전파되었습니다.

## 파혼하려는 요셉

요셉과 마리아는 정혼을 했습니다. 이 정혼이란 정식 결혼은 아니지만 법적으로, 또한 사회적으로 공식적인 부부와 거의 다름이 없어서 '누구의 아내'라고 불리며, 만일 정혼한 상태에서 신랑이 죽으면 여자는 과부로 인정된다고 이야기 했습니다. 그리고 이렇게 1년이라는 기간을 두는 이유는 여인의 정결을 확인하기 위한 성격이 강하다는 것도 말씀드렸습니다. 이상이 요셉과 마리아가 정혼한 상태라고 했을 때, 함께 생각해야 할 것들입니다.

본문으로 들어가 보겠습니다. 19절입니다.

마1:19 그 남편 요셉은 의로운 사람이라 저를 드러내지 아니하고 가만히 끊고자 하여

요셉은 소리 소문 없이 파혼, 이혼을 하려고 했습니다. 마리아가 자신과 성관계를 가지지 않고 임신을 한 사실 때문입니다. 그리고 성경은 요셉이 '의로운 사람'이기 때문에 이 일을 가만히 끊는 식으로 처리하려고 했다고 합니다. 그래서 여기 '의로운 사람'

이란 '율법을 잘 지키는 사람'을 의미한다고 생각하게 됩니다. '율법을 잘 지키는 사람이라서 마리아와 파혼을 하되 마리아를 사랑하는 마음이 있어서 조용히 일을 처리하려고 했구나.' 이렇게 생각 할 수 있습니다. 과연 그런지 보겠습니다.

## 이스라엘의 이혼 제도

먼저 이스라엘의 이혼 제도에 대해 좀 알 필요가 있습니다. 신명기 24:1입니다.

신24:1사람이 아내를 취하여 데려온 후에 수치 되는 일이 그에게 있음을 발견하고 그를 기뻐하지 아니하거든 이혼 증서를 써서 그 손에 주고 그를 자기 집에서 내어 보낼 것이요

'수치 되는 일'이 발견되었을 때 이혼 사유가 됩니다. 당시 이스라엘에는 이 '수치 되는 일'에 대한 두 가지 해석이 있었습니다. 하나는 샴마이 학파의 해석이고, 하나는 힐렐 학파의 해석입니다. 먼저 샴마이 학파에서는 '수치 되는 일'이란 남편에게 불성실한 일이며, 그러면 이혼의 사유가 되는 것입니다. 예를 들면 밥을 하다가 태웠다. 그러면 이것은 불성실한 것이요, 이혼의 사유가 됩니다. 그럼 힐렐 학파는 어떨까요? 힐렐 학파는 한 술 더 뜹니다. 힐렐 학파에서는 위의 구절에서 '기뻐하지 아니하거든'에 근거해서 부인의 어떤 점이 마음에 들지 않는 경우

는 곧 수치스러운 일이라고 해석했습니다. 어느 날 부인이 이유 없이 마음에 들지 않으면, 부인은 그냥 이혼을 당합니다. 부인 입장에서는 마른하늘에 날벼락입니다. 완전히 남자들의 세상이죠.

이렇게 황당한 생각을 성경을 통해서 했습니다. 성경을 전체적인 사상, 하나님의 어떠하심을 근거로 해석하지 않고, 자신들의 시대와 시각 안에서 해석하다보니 이런 어이없는 해석을 하고 있습니다. 성경 해석을 바르게 하는 문제가 얼마나 심각한지 보여주는 단적인 예입니다.

상황이 이러하니 이혼이 많이 일어났을 것 같지 않습니까? 하지만 이혼이 그리 많이 일어나진 않았습니다. 이스라엘 남자들이 선하고 인격이 고결해서가 아니고, 지참금 등의 현실적인 문제 때문이었습니다. 위에서 말한 대로 부인은 남편의 몸종이나 다름없는데 왜 종을 풀어주겠습니까!

## 의로운 유대인은 간통한 아내를

당시 유대인들의 이혼 사유는 '수치스러운 일', 즉 불성실과 기뻐하지 않는 것이었습니다. 그러나 배우자의 부정은 '수치스러운 일'에 포함되지 않습니다. 그렇기에 배우자의 부정은 이혼, 파혼의 사유가 아닙니다. 배우자의 부정에 대해서는 따로 신명기 22:23-24에서 말해 주고 있습니다.

신22:23처녀인 여자가 남자와 약혼한 후에 어떤 남자가 그를 성읍 중에서 만나 통간하면 ²⁴너희는 그들을 둘 다 성읍 문으로 끌어내고 그들을 돌로 쳐 죽일 것이니 그 처녀는 성읍 중에 있어서도 소리 지르지 아니하였음이요 그 남자는 그 이웃의 아내를 욕보였음이라 너는 이같이 하여 너의 중에 악을 제할지니라.

요셉의 의로움이 율법의 의로움이라면 어떻게 해야 되죠? 마리아를 돌로 쳐 죽이도록 앞장서야 합니다. 왜냐하면 이것은 개인적인 감정의 복수를 위해 주신 율법이 아니라 이스라엘 공동체 전체의 성결을 지켜나가기 위해서 제정하신 하나님의 법이기 때문입니다. 그렇게 하지 않는다면 율법적으로 의로운 것이 아닙니다. 그런데 요셉은 마리아의 잉태 사실을 알고는 조용히 파혼하려고 했습니다. 이것에 대해 성경은 '의로운 사람'이기 때문에 그렇게 했다고 말씀해 주고 있습니다. 성경 말씀이 '의로운 사람'이라고 했으면 의로운 사람으로 믿어야 하고, 그렇다면 요셉은 율법준수 차원의 의로운 사람이 아니라 전혀 다른 차원의 '의로운 사람'이라는 것을 생각할 수 있습니다. 과연 어떤 차원에서 '의로운 사람'인지 살펴보겠습니다. 이것을 위해 몇 가지 확인할 것이 있습니다.

## 요셉은 어떻게 마리아의 임신 사실을 알았을까?

먼저 요셉이 어떻게 마리아의 임신 사실을 알았을까요? 보면 그냥 알 수 있나요? 보통 임신을 했을 때, 5-6개월 정도는 되어서야 표시가 납니다. 하지만 그 정도 되면 누구나 알게 됩니다. 이렇게 표시가 날 정도가 되어서 알았거나 아니면 소문이 나서 알았을까요? 표시가 나서나 소문으로 알았다면 가만히 끊을 수가 없습니다. 가만히 끊는 것을 시도할 수 있는 것은 다른 사람들이 알지 못한 상태에서만 가능합니다.

그러면 요셉은 지금 소문이 나기 전에 마리아의 임신 사실을 알았다는 것인데, 어떻게 임신 사실을 알았을까요? 천사가 요셉에게도 알려줬을까요? 천사는 요셉이 파혼을 하려고 하자 그걸 막으러 나타났지 임신 사실을 알려주려고 나타난 것은 아닙니다. 그러면 마리아가 요셉에게 이야기 했을 것이라는 추론 이외에 다른 추론이 가능합니까? 마리아가 잉태 사실을 자신의 정혼자인 요셉에게 이야기했다는 것 외의 다른 가능성이란 존재하지 않습니다.

이번에는 바꿔서 여러분이 마리아라고 생각해보십시오. 어떻게 하시겠습니까? 대단히 심각한 문제이고, 또한 믿어주기 어려운 이야기이겠지만 그래도 요셉 이외에 누구와 상의할 수 있겠습니까? 그렇기에 마리아가 요셉에게 어떤 형태로든 말을 했다고 봐야 합니다.


## 무서워하는 요셉

이 이야기를 들은 요셉은 고민할 수밖에 없었습니다. 마리아의 말을 믿기 어려웠을 것입니다. 그렇다고 마리아의 말을 믿지 않고 법대로 처리하자니 마리아의 말이 진실일 경우 메시야의 오심을 자신이 방해하는 것이 될 수도 있는 상황입니다. 여기서 요셉은 어떻게 생각했을까요? 20절에서 그의 태도 속에서 알 수 있습니다.

마1:20이 일을 생각할 때에 주의 사자가 현몽하여 가로되 다윗의 자손 요셉아 네 아내 마리아 데려오기를 무서워 말라 저에게 잉태된 자는 성령으로 된 것이라

이 구절에는 "네 아내 마리아 데려오기를 무서워 말라" 보다는 "네 아내 마리아를 의심하지 말라" 라는 말이 더 어울리지 않을까요? 그런데 주의 사자는 그렇게 말씀하지 않으십니다. 왜 이렇게 표현했을까요? 요셉이 무서워했다는 것이죠. 의심하는 마음도 있었겠지만 그보다는 무서움이 더 컸음을 알 수 있습니다. 그런데 요셉은 무엇을 무서워했습니까? 아내인 마리아가 돌 맞아 죽을 것을 무서워했습니까? 아닙니다. 아내를 데려오는 것을 무서워했습니다. 그걸 왜 무서워하죠? 인간적으로 요셉이 마리아를 데려오는 것을 무서워 할 이유가 있습니까? 마리아를 의심해서 돌 맞는 데로 보내든지, 아니면 믿고서 마리아를 아내로 데려오든지 간에 요셉이 무서워 할 이유는 없습니다. 그러므로 이 무서움은 사람들에게 당할 일에 대한 무서움이 아닙니다. 이것은 하나님의 계시 앞에서의 무서움입니다.

요셉은 마리아를 믿을 수도 없었고 안 믿을 수도 없었습니다. 하지만 평소의 마리아의 고결한 신앙과 인격에 대해서 알았기

에 자신이 다 이해할 수 없는 어떤 신비한 일이 일어나고 있다고 생각했을 것입니다. 그리고 그것이 자신과 유대인들 모두가 고대하던 메시야의 오심과 관련되어 있다는 사실에 심한 두려움을 느꼈으리란 것은 쉽게 유추해 볼 수 있습니다. "과연 내가 이 일을 감당할 수 있겠는가? 이 일을 이루는 데 합당한 인물인가?"라는 측면에서 무서워했던 것입니다.

그런 무서움을 가지고 있었기에 주의 사자가 나타나면서 요셉을 "다윗의 자손 요셉아"라고 부르신 것입니다. 이 표현은 마태복음 뿐 아니라 복음서 전체에서도 예수님 이외에 사람에게 쓰인 것은 여기가 유일합니다. 즉 "너는 다윗의 자손이다. 그러므로 이 언약의 성취에 합당한 자다. 무서워하지 말라."라고 하시는 것입니다. 이처럼 요셉은 잉태된 예수 그리스도를 메시야로 믿었고, 이것을 의롭다고 성경이 말하고 있는 것입니다.

21-23절은 예수님의 이름과 관련된 이야기로써 다음에 보도록 하고, 24, 25절을 보겠습니다.

마1:24요셉이 잠을 깨어 일어나서 주의 사자의 분부대로 행하여 그 아내를 데려왔으나 25아들을 낳기까지 동침치 아니하더니 낳으매 이름을 예수라 하니라

요셉은 더 이상 갈등할 것이 없었습니다. 이제 적극적으로 이 일, 메시야의 오심에 동참하는 모습을 보이고 있습니다. 오늘 본문에서도 그러하지만 이후의 예수 그리스도의 애굽으로 피난하

는 가운데에서도 요셉이 적극적인 역할을 수행합니다.

## 계시를 잘못 이해하면

유대인들은 구약에서의 하나님의 계시를 통해 선민사상을 가지고 있었습니다. 하나님의 약속을 믿고, 그 약속을 따라 온 자들입니다. 그러나 그 결과가 어떻습니까? 지금 하나님의 계시의 진전, 예수 그리스도의 오심에 대해서는 전혀 무력할 뿐 아니라 나중에는 이 메시야를 적극적으로 십자가에 죽이는 자리에로 나갔습니다. 결코 이들이 하나님을 대적하려고 그렇게 한 것이 아님을 생각해야합니다. 이들은 하나님의 말씀대로 한다고한 것입니다. 하나님 말씀을 잘 들으려고 한 것이란 말입니다. 그런데도 이런 결과를 초래한 이유가 무엇입니까? 그것은 하나님의 계시를 해석할 때에 그 시대와 민족을 중심으로 했기 때문입니다. 즉, 인간을 중심으로 해석했기 때문이었습니다. 하나님의 말씀은 어느 시대를 막론하고 그 시대를 설명해 주며, 해석해 주는 놀라운 힘이 있습니다. 늘 하나님의 말씀이 그 시대, 그 민족에게 말씀을 주고 조명해 주고 계십니다. 그러나 거꾸로 시대와 사상, 이데올로기가 하나님의 말씀을 재단하거나 오염시키면 오히려 하나님의 말씀을 가지고 하나님의 뜻과 경륜에 반역하는 자리에 서게 됩니다.

예수님의 탄생을 기념하는 중세 때의 성화들을 보면 오직 한 사람만이 구석에서 어두운 표정을 하고 있습니다. 요셉을 이렇게 그린 것입니다. 이것이 중세 교회의 성경 이해이고, 이것이 그들의 생각과 생활, 예술 작품에까지 영향을 미치고 있습니다. 그렇기에 바른 성경 이해는 대단히 중요합니다.

영화 〈피아니스트〉에서 유대인들을 마구 때리던 술 취한 독일 군사가 이렇게 말합니다. "내가 너희들을 왜 때렸는지 알아? 알아? 크리스마스를 기념하기 위해서다." 이것이 그의 신앙의 열심이었습니다. '유대인은 예수 그리스도를 죽인 나쁜 놈들이기 때문에 죽여야 한다.' 나치의 유대인 학살은 바로 이런 의식이 전 유럽에 팽배했기 때문에 이데올로기로 성공할 수 있었습니다. 그 책임은 결국 당시 그리스도인들 전체에게 있습니다.


## 시대정신과 성경

이처럼 우리는 성경을 이해함에 있어서도 그 시대의 흐름과 그 시대의 사상을 따라가게 됩니다. 그렇게 되면 성경이 말하고자 하는 내용을 전혀 이해하지 못하고 엉뚱한 얘기를 할 수도 있습니다. 대부분의 사람들이 깊은 사고 없이 자신은 어떤 철학도 따라가지 않고 살 수 있고, 살고 있다고 생각합니다. 하지만 그런 사람이야말로 그 시대의 사상과 흐름을 하나도 피해가지 못하고 깊은 영향을 받을 뿐 아니라 늘 휘둘리게 됩니다. 그 시대의 사상과 철학이라는 것은 그냥 개인 한 사람이 '나는 그런 거 전혀 모르고 살아간다. 그런 것과 관계없이 살아간다.' 이렇게 말한다고 다 훌훌 날려 버릴 수 있는 것이 아닙니다.

우리의 머릿속에 있는 많은 생각들은 사실상 우리 자신의 생각이 아닙니다. 그 시대의 사상이 우리에게 넣어 준 생각들입니다. 이것을 깨닫는 것이 대단히 중요합니다. 이를 깨닫지 못하면 결국 시대의 흐름에 그냥 쓸려 나가는 것입니다. 그런 것들을 이용해 먹기 위해 정치가, 기업들, 심지어 사기꾼들이 몇몇 가지 표어와 구호를 만들고, 달콤하고 멋진 말을 만들어서 우리 모두에게 교묘히 넣은 다음에 이게 우리 자신의 생각인 것처럼 믿게 만들어 버립니다. 그러곤 그것을 자기 유익에 따라 가져다 쓰는 것입니다. 이렇게 조작된 사고에 너무 오래도록 노출되면 나중에는 그 조작으로 인식하는 세계에 그냥 살기를 더 원하고 즐기게 됩니다. 이때에는 아무리 온전한 인식과 바른 세계에 대해 설명해도 듣질 않고, 도리어 그렇게 말하는 사람을 저주하고 핍박합니다. 자신과 다른 이야기라고 생각되면 합리적인 토론조차 부정하고 적대시하게 됩니다.

　이런 모든 것들을 이겨 낼 수 있는 힘이 바로 성경입니다. 시대의 사상이 우리를 삼키려 할 때, 그것을 이겨낼 수 있는 힘으로 성경을 들고 있는 것이 그리스도인입니다. 시대에 따라 출몰하고 사라지는 그 모든 철학과 유행하는 사상을 검증하고, 판단할 수 있는 능력이 성경에 있습니다. 대단한 것을 가지고 나온 듯이 사람들을 열광시키고, 쭉 끌고 다닌다 할지라도 그가 피리 부는 사나인지, 선지자인지를 확인할 수 있는 합리적이고도 균형 있는 기준을 성경이 마련해줍니다.

　하지만 그렇게 살아야 되는 교회와 그리스도인들이 시대의 흐름 속에서 더 많이 흔들리며 끌려가고 있는 현실을 볼 때, '과연 하나님의 능력이라는 것이 이들에게 존재하는가.' 라는 의문을 제기할 수밖에 없습니다. 결국 저렇게 믿어선 하나님께서 이 땅 위에 내시고자 하는 의와 본의미를 바르게 나타낼 수 없을 것이라는 생각을 하게 됩니다. 유대인들이 바로 이런 상태가 된 것입니다. 구약의 하나님 말씀을 온전히 받아서 그런 계시를 이 땅위에 잘 전달해 준 그런 유대인들이지만, 결국 계시의 결정체이신 예수 그리스도께서 오셨을 때에는 예수님을 죽이는 사람들이 된 것입니다.

이것이 얼마나 아이러니합니까? 성경을 받았으되 우리에게 인격적으로 말씀하시는 하나님 말씀으로 듣지 않고, 성경 자체를 우상화하고 화석화해서 신앙하다가 그런 처참한 결과를 만든 것입니다. 마찬가지로 오늘날 예수 그리스도를 믿는다고 하는 사람들이 살아계신 하나님, 섭리하시는 성령님, 왕이신 예수 그리스도, 이 삼위 하나님의 인격적인 말씀으로서의 성경에 대해 제대로 이해하지 못한다면 우리의 신앙도 화석화되고 마는 것입니다. 성경을 통해 인격적인 하나님의 뜻을 알지 못하고, 교조적이고 종교적인 내용만 건진다면 이로 말미암아 우리에게 아무런 힘이 없는 것처럼 여겨질 것입니다. 그로 인해 세상도 성경과 교회와 우리를 우습게 여겨서 침을 뱉고 짓밟을 것입니다.

그렇기 때문에 우리는 항상 깨어 있어서 하나님의 말씀 그 자체가 우리에게 무엇을 말씀하시는지를 볼 수 있는 눈을 계속 열어놔야 합니다. 그 시대가 우리에게 주고 있는 사상이 무엇인지를 파악해야 됩니다. 자신이 시대의 사상에 영향을 받은 것이 무엇인지 살펴보고 그것과 성경은 어떻게 다른지 분석하는 작업을 해야 합니다. 자연스럽게 그런 작업들을 하려면 그리스도인들은 그 시대의 지식분자가 되어야 하는 것입니다. 또한 교회는 그 일을 충실하게 감당해서 자신들의 교인들에게 이 사실을 분명히 인식할 수 있도록 자꾸 지식을 넓혀 주고 그 눈을 뜨게 해 줘야 할 의무를 가지고 있습니다. 이에 대해서 자신들도 늘 노력해야 할 뿐 아니라, 자신들의 다음 세대가 더욱 뚜렷한 인식으로 세상을 이끌 수 있도록 힘을 써야 합니다.

# 제**4**장

구원의 특성: 하나님의 열심

## 마태복음 1장 21-23절

● ● 21아들을 낳으리니 이름을 예수라 하라 이는 그가 자기 백성을 저희 죄에서 구원할 자이심이라 하니라 22이모든 일의 된 것은 주께서 선지자로 하신 말씀을 이루려 하심이니 가라사대 23보라 처녀가 잉태하여 아들을 낳을 것이요 그 이름은 임마누엘이라 하리라 하셨으니 이를 번역한즉 하나님이 우리와 함께 계시다 함이라 ● ●

τέσσερα

성경은 하나님의 말씀으로써 시대를 해석해주며 하나님의 백성들이 어떻게 살아야 하는지에 대하여 가르쳐줍니다. 그렇기에 그리스도인들은 성경을 자신들의 삶의 가치관과 기준으로 삼아야 합니다. 그럼에도 불구하고 많은 사람들이 오히려 자신들의 시대사상과 이데올로기로 성경을 곡해하거나 적극적으로 재단하는 과오를 범하였습니다.

그 대표적인 예를 들자면 바로 유대인들입니다. 이들은 자신들이 하나님의 말씀인 구약성경을 가지고 있었으면서도 자신들의 선민사상과 유대주의 때문에 하나님의 계시를 곡해하였습니다. 그 결과로 계시의 결정체이신 예수 그리스도를 십자가에 못박아 죽였습니다. 오늘의 우리도 기독교인이라고 하면서 이런 우를 범하고 있지는 않은지 늘 두려운 마음으로 자신을 살펴야 합니다.

## 어디로부터의 구원인가?

앞에서 설명 드리지 못한 구절들을 보겠습니다. 이 부분은 예수님의 잉태 사건 중 천사가 직접 이름을 지어주는 사건과 이에 대한 마태 자신의 해석으로 되어 있습니다. 21절입니다.

마1:21아들을 낳으리니 이름을 예수라 하라 이는 그가 자기 백성을 저희 죄에서 구원할 자이심이라 하니라

예수라는 이름은 히브리말 '여호수아'의 헬라어적 표현입니다. '예수', '여호수아'의 뜻은 '구원자'입니다. '어디서부터의 구원인가?'라는 사항까지는 이름에 들어있질 않고, 그냥 '구원자'입니다. 여러 가지 해석의 가능성을 가지고 있습니다. 예수님 당시의 이스라엘은 오랜 환난과 로마의 식민 통치를 받고 있었기에 구원자 메시야가 온다면 당연히 군사적, 정치적으로 압제하고 있는 로마로부터 구원할 것이라고 생각하고 있었습니다.

그런데 본문에서 천사는 이런 유대인들의 생각과 다른 이야기를 하고 있습니다. 메시야를 통하여 임하는 구원이 유대인들이 생각하는 군사적, 정치적인 압제에서의 구원이 아니라 죄에서의 구원이라고 합니다. 그것도 '세상의 죄', '로마가 유대인들에게 지은 죄', '세상이 하나님의 백성들에게 지은 죄'에서의 구원이

아니라 '자기 백성을 저희의 죄'에서 구원한다고 합니다.

　도대체 이게 무슨 말인지 당시 유대인들도 통 알아들을 수가 없었습니다. 그래서 마태가 이 천사의 말에 대해서 해석을 달아 주었습니다. 그것이 뒤이어 나오는 22, 23절입니다. 우리는 '자기 백성을 저희의 죄에서 구원한다.'는 것이 무엇을 의미하는지를 알기 위해 저자인 마태의 해석을 살펴봐야 됩니다.


## 선지자로 하신 말씀을 이루려 하심

마태복음 1:22을 보면

　<sup>마1:22</sup>이모든 일의 된 것은 주께서 선지자로 하신 말씀을 이루려 하심이니 가라사대

　이것은 마태복음에서 구약을 인용할 때 쓰는 독특한 표현법입니다. 이와 동일한 형태가 11번 정도가 나옵니다.[2] 마태복음의 수신자가 유대인이기 때문에 예수님이 어떻게 구약과 연관되었는지, 어떤 구약 내용의 지지를 받고 있는지를 적극적으로 확인시키고자 한 것입니다. 저자인 마태가 이렇게 구약을 인용하면 유대인들은 인용된 구약의 내용을 너무도 잘 알고 있었기에 무슨 말을 하는지 금방 알아들을 수가 있었습니다. 하지만 우리는

---

2. 1:22-23; (2:5-6); 2:15; 2:17-18; 4:14-16; 8:17; 12:17-21; 13:35; 21:4-5; 27:8-10.

구약을 잘 모르기 때문에 구약의 인용문이 나올 때마다 그것을 확인해야 인용문의 의미를 제대로 파악할 수 있고 마태복음 본문의 의미도 제대로 깨달을 수 있습니다. 이처럼 성경을 제대로 이해한다는 것은 쉽지 않습니다. 그래서 좋지 않은 것이 아니라 그런 어려움 속에서 깨닫게 되는 성경의 진리는 참으로 풍성하며, 고귀한 내용을 담고 있기에 기뻐할 수 있는 것 입니다.

마태복음 1:23입니다.


**마1:23보라 처녀가 잉태하여 아들을 낳을 것이요 그 이름은 임마누엘이라 하리라 하셨으니 이를 번역한즉 하나님이 우리와 함께 계시다 함이라**


이것은 이사야 7:14를 가져 온 것입니다. 그래서 우리는 이사야 7장을 알아야 합니다. 먼저 이에 대한 역사적인 배경에 대한 설명이 필요합니다. 여기서 '아람'이라는 나라는 세계사에서 말하는 '수리아'입니다. 이 나라는 나중에 '바벨론'이 됩니다.

'에브라임'에 대해서는 좀 더 자세한 설명이 필요합니다. 이스라엘은 초대 왕 사울이 폐하여지고, 다윗이 왕권을 갖게 됩니다. 그리고 뒤이어 다윗의 아들 솔로몬이 왕위에 오릅니다. 이 솔로몬은 성전을 건축하고, 왕궁을 건축하며, 온갖 기타 건축들을 하느라고 백성들을 많이 지치게 만들었고 백성들의 불만이 매우 커졌습니다. 그런데 그 아들 르호보암이 왕에 등극하면서 아버지 솔로몬보다 더 강력한 통치를 예고하자 결국 나라가 둘로 갈라지게 되었습니다. 르호보암에게 반기를 들었던 세력이 북왕조를 이루었습니다. 이들은 12지파 중에 10지파나 되었기에 이들이 '이스라엘'이라는 국호를 가져갔습니다. 그리고 그 주축세력이 '에브라임 지파'였기 때문에 북왕국을 '에브라임'이라고 부르기도 합니다. 반면에 이 반역에 참가하지 않는 두 지파가 남왕국을 이루었는데 이 두 지파는 유다와 베냐민 지파였습니다. 그중 유다 지파가 컸고 중심이었기 때문에 '유다'라는 이름을 그냥 국호로 썼습니다.

이와 같은 역사적인 배경을 이해하고 이사야서 7장을 보아야 합니다. 이사야 7:5부터 보시겠습니다.

사7:5**아람과 에브라임 왕과 르말리야의 아들이 악한 꾀로 너를 대적하여 이르기를**(표준새번역- 시리아 군대가 아하스에게 맞서, 에브라임 백성과 그들의 왕 르말리야의 아들과 함께 악한 계략을 꾸미면서) 6**우리가 올라가 유다를 쳐서 그것을 곤하게 하고 우리를 위하여 그것을 파하고 다브엘의 아들을 그 중에 세워 왕을 삼자 하였으나**

주전 735년경에 아람이 남왕국 유다를 쳐들어 왔다가 실패하여 가고, 북왕국 이스라엘이 또 남왕국 유다를 치러 왔다가 실패합니다. 그래서 이번에는 두 나라가 동맹을 맺고 쳐들어옵니다. 그렇게 해서 아하스를 폐하고, 허깨비를 왕으로 앉히는 괴뢰국을 만들고자 하였습니다. 이 때문에 아하스와 유대 백성들이 얼마나 두려움에 떨었는지를 이사야 7:2이 말씀해 주고 있습니다.

사7:2**혹이 다윗 집에 고하여 가로되 아람이 에브라임과 동맹하**

였다 하였으므로 왕의 마음과 그 백성의 마음이 삼림이 바람에 흔들림같이 흔들렸더라.

## 누가 예루살렘의 머리냐?

이런 상황에서 하나님께서는 이사야를 보내서 구원의 메시지를 주셨습니다. 그 구원의 메시지는 이사야 7:7-9입니다.

사7:7주 여호와의 말씀에 이 도모가 서지 못하며 이루지 못하리라 8-9대저 아람의 머리는 다메섹이요 다메섹의 머리는 르신이며 에브라임의 머리는 사마리아요 사마리아의 머리는 르말리야의 아들이라도 육십 오년 내에 에브라임이 패하여 다시는 나라를 이루지 못하리라 만일 너희가 믿지 아니하면 정녕히 굳게 서지 못하리라 하셨다 할지니라.

아람과 북이스라엘이 유대를 침략하려는 계획이 성공하지 못할 것이라는 말씀과 그 근거에 대한 말씀입니다. 단박에 쉽게 알아들으라고 하신 말씀인데, 우리는 쉽게 알아듣기 어렵습니다. 그래서 쉽게 단박에 이해될 수 있도록 이를 정리하여 다음의 표로 만들어 보았습니다.

| 나라 | 나라의 머리(수도) | 수도의 머리(왕) |
|------|------------------|------------------|
| 아람 | 다메섹 | 르신 |
| 에브라임 | 사마리아 | 베가(르말리야의 아들) |
| (유대) | (1) | (2) |

지금 아람과 에브라임이 쳐들어오려는 상황입니다. 이 두 나라의 머리란 수도를 의미합니다. 그리고 수도의 머리는 당연히 그 나라 왕을 의미합니다. 이 말씀을 하시면서 이 두 나라는 유대를 절대로 못 이긴다고 하십니다. 왜 그럴까요? 위 표의 빈칸을 채워 보죠. 유대의 머리(수도)는 어디입니까? (1) **예루살렘입니다.** 그렇다면 예루살렘의 머리(왕)는 누구입니까? 바로 (2) **하나님이십니다.**

즉, 이 말씀은 '내가 다스리는 나라인데 유다가 어찌 망하겠느냐!' 이렇게 말씀하고 계십니다. 유대의 왕은 가신입니다. 진짜 왕은 하나님이십니다. 그러므로 하나님께서 '내가 내 나라 유대를 지키겠다.'고 하셨습니다. 하나님께서 지켜 주시겠다고 하면 걱정할 것이 없습니다. 이제 믿고 따르면 됩니다. 하나님께서는 혹여 믿지 못할까봐 이 말씀을 하시고서 7:10-11에서 믿을 수 있는 징조를 주겠다고 말씀하셨습니다.

사7:10**여호와께서 또 아하스에게 일러 가라사대** 11**너는 네 하나님 여호와께 한 징조를 구하되 깊은 데서든지 높은 데서든지 구하라**

'내 말을 믿어라. 내가 너희 나라의 왕이다. 그러니 내가 구원한다는 이 말을 믿어라. 못 믿겠으면 뭐든지 징조로 구해라. 그 징조를 보고라도 믿어라.'라고 하셨습니다.


## 자존심으로 버티는 아하스

이것에 대해 아하스는 참으로 의외의 반응을 보입니다. 그의 대답이 12절에 나옵니다.

> 사7:12 **아하스가 가로되 나는 구하지 아니하겠나이다 나는 여호와를 시험치 아니하겠나이다 한지라**

하나님을 시험하지 않겠다고 합니다. 참으로 대단한 신앙이 있어서 '징조를 구하지 않고도 믿을 수 있습니다.'라고 말하는 것 같습니다. 그러나 이것은 거짓입니다. 지금 국가적 위기와 환난을 당하는 것도 모두 아하스의 죄악 때문입니다. 그런데 이사야 앞에서 자신이 대단한 신앙이 있는 척하고 있습니다. 하나님께서는 아하스가 그냥은 믿지 못할 수준에 있기 때문에 징조를 보고서라도 믿으라고 지금 친히 말씀하셨습니다. 그런데 징조도 구하지 않겠다고 합니다.

그 이유는 위에서 말한 이유일 것입니다. '왜 하나님이 이 나라의 왕이냐, 내가 왕이다. 내 나라니까 내가 지킬 것이니 하나님은 제발 좀 빠지십시오.' 어느 영화에서 이런 대사가 나옵니다. "하나님 도와주시지 않아도 좋습니다. 제발 방해만 하지 말아주십시오" 마치 이와 같은 심정으로 아하스는 도와주신다는 징조를 거부합니다.


## 어디 믿는 구석이 있나?

아하스가 그렇게 두려워하면서도 어떻게 이런 자세를 취하는지 선뜻 이해가 되질 않으실 것입니다. 어디 믿는 구석이 있나? 네, 있습니다. 아하스는 지금 '앗수르'라는 나라에게 지원군을 요청하려고 하고 있는 상황입니다. 하나님께 의지하지 않고 내가 외교술을 이용해서 이 난국을 타계할 수 있다는 생각을 하고 있었습니다.

그러나 이것은 아하스의 계산착오입니다. 오히려 아하스는 돈만 날립니다. 지원을 요청하느라고 있는 대로 금은을 갖다 줍니다. 그런데 앗수르는 돈만 받고 꼼짝도 하질 않고 있습니다. 앗수르는 다른 생각을 하고 있었습니다. 유다하고, 아람, 이스라엘이 진탕 싸우는 동안 가만히 있다가 힘이 다하면 대군을 이끌고 와서는 이쪽 지역을 싹 먹어 버리겠다는 계산입니다. 그러니 유다를 도와줄 리가 없습니다.

그리고 이런 앗수르의 계략은 성공해서 북이스라엘을 완전히 멸망시키고, 유다까지 거의 다 점령했습니다. 이 후에 유다는 회복이 되었지만 북이스라엘은 역사 속에서 완전히 사라졌습니다. 북이스라엘이 지금은 유다와 적국이지만 사실 형제 나라입니다. 그들도 약속의 민족입니다. 그런데 이렇게 멸망을 당했습니다. 그리고 그 과정에 유대도 예루살렘만 남고 모든 국토가 유린되는 참변을 당했습니다. 하나님께서는 사태가 여기까지 가지 않도록 막으시려고 하신 것입니다.

그러나 아하스는 고집을 부립니다. '내 나라 일은 내가 알아서 할 것입니다. 참견하지 마시고, 내버려두십시오.'


## 이사야가 기가 막혀

그러자 이사야가 기가 막혀합니다. 그래서 이사야 7:13에서 이렇게 말합니다.

사7:13이사야가 가로되 다윗의 집이여 청컨대 들을찌어다. 너희가 사람을 괴롭게 하고 그것을 작은 일로 여겨서 또 나의 하나님을 괴로우시게 하려느냐.

앞에서도 말씀드렸지만 지금 당하는 이 환난의 근원은 결국 아하스 때문입니다. 유다의 왕은 하나님의 백성을 하나님 앞으로 잘 이끌어야 하는 사명 때문에 존재합니다. 그런데 아하스는 자신이 먼저 하나님을 믿는 일에서 벗어나 불의를 행하며, 우상을 섬기며, 다른 나라의 힘에 의지함으로 그 백성들 전체를 타락하게 만들었고 그래서 지금 환난을 당하고 있습니다. 이제 그 백성들이 깨달을 만큼 환난을 당하였으므로 환난을 거두시고자 하시는데, 왕이라는 자가 하나님의 구원을 가로 막고 있습니다.

이런 기막힌 상황에서 오늘 마태복음 본문에 인용된 말씀이 나오는 것입니다. 이사야 7:14입니다.

사7:14그러므로 주께서 친히 징조로 너희에게 주실 것이라 보라 처녀가 잉태하여 아들을 낳을 것이요 그 이름을 임마누엘이라 하리라

구원을 요청하지도 않으며, 구원의 징조를 거부하는 자에게 하나님께서 강권적으로 내려주시는 하나님의 열심이 드러나는 장면입니다. 이것은 당시의 유대에 대한 구원의 메시지이지만, 또한 인류 전체의 구원과 관련된 메시지이기도 하여 마태가 인용하고 있는 것입니다.


## 하나님의 구원의 특징

하나님의 구원이란 그 대상이 구원을 요청하지 않을 뿐 아니라 구원을 거부한다고 하더라도 하나님의 열심이 그를 그냥 멸망하도록 놓아두지 않으십니다. 우리 중에 어느 누구도 먼저 하나님을 찾은 자는 없습니다. 물론 어떤 이들은 별다른 사건과 이유 없이도 '하나님을 믿습니다.' 라고 자진해서 나올 수도 있습니다. 그러나 그것은 이미 하나님께서 우리의 영을 살려내 주셨기 때문에 나타날 수 있는 현상입니다. 살아났기 때문에 하나

님을 감각할 수 있는 것이고, 하나님을 믿을 수 있습니다. 이렇게 구원을 얻은 자는 자신이 아무리 하나님을 부인하고, 이 구원을 거부하려고 하여도 그것을 취소할 수 없습니다. 아하스가 아무리 '유대가 내 나라니까 건드리지 마십시오.'라고 악을 쓴다고 해도 하나님께서는 유대가 하나님의 나라이기에 구원을 선언하십니다. 마찬가지로 내가 아무리 '내 인생은 나의 것입니다. 하나님 내 것을 건드리지 마십시오.'라고 고집을 부리고 악을 쓴다고 하더라도 하나님께서는 놀라운 집념을 보이시며 우리를 놓지 않으실 것입니다. 기적을 통해서라도 내가 하나님 것임을 입증하실 것이고, 나의 구원을 완성시키시고야 마십니다.

우리가 온전히 하나님 것임을 인정하지 않는 동안, 우리 자신이 여전히 우리 자신의 주인이라고 주장하는 동안, 아니 한 호흡이라도 내 것이라고 주장하고 있는 동안에는 우리가 우리에게 내리는 하나님의 은혜를 스스로 막고 있는 것입니다. 아하스가 유대를 자신의 것이라고 주장하면서 하나님의 구원을 거부하는 것이 그 백성의 구원을 막고 있는 것처럼, 이것은 우리 자신에게만 문제가 되는 것이 아니라 우리로 말미암아 하나님의 은혜와 구원을 전달 받아야 할 자들에게 미칠 은혜도 막는 것이 됩니다. 그렇게 되면, 하나님께서는 내가 문제가 아니라 나를 통하여 은혜를 받아야 할 자들을 위해서라도 우리를 꺾고야 마십니다. 우리가 아무리 반대한다고 하더라도 더 강력한 힘으로 우리를 제압하시면서 당신의 은혜를 보이신다는 것을 아셔야 합니다.

그렇기에 우리에게는 이 길을 수없이 맞으며 울면서 질질 끌려갈 것이냐, 아니면 하나님과 교제하면서 하나님의 인도를 받으며 때를 따라 주시는 하나님의 은혜 속에 기쁘게 찬양하면서 갈 것이냐의 두 갈래 길만 있는 것입니다. 지금 우리에게 어려움이 있다면 그것은 여전히 자신을 들고 서 있는 나를 꺾는 하나님의 손길이며, 하나님의 열심일 것입니다.

다시 한 번 말씀드리지만, 예수님께서는 우리를 우리 자신의 죄에서 구원하시기 위하여 오셨습니다. 다른 압제자의 죄악 된 행위나 폭력이 아니고 우리 자신의 죄에서 우리를 구원하시는 것입니다. 우리 자신의 죄란 결국 내가 나의 것이라고 생각하는 모든 것입니다. 이 죄에서 우리를 구원하시기 위해서는 우리를 꺾으시는 것 이외에 달리 답이 없지 않겠습니까? 그렇다면 우리가 좀 수월케 가려면 속히 자신의 고집을 꺾는 것 이외에는 다른 방도가 없습니다. 하나님께서 나를 돕는 분이라고 생각하느냐, 내가 하나님의 도구로써 하나님을 위한 존재로서 살아가는 것이냐를 분명히 하는 것이 신앙임을 명심해야 합니다.

제**5**장

먼저 오는 스알야숩

## 마태복음 1장 21-23절

● ● 21아들을 낳으리니 이름을 예수라 하라 이는 그가 자기 백성을 저희 죄에서 구원할 자이심이라 하니라 22이 모든 일의 된 것은 주께서 선지자로 하신 말씀을 이루려 하심이니 가라사대 23보라 처녀가 잉태하여 아들을 낳을 것이요 그 이름은 임마누엘이라 하리라 하셨으니 이를 번역한 즉 하나님이 우리와 함께 계시다 함이라 ● ●

πέντε

하나님께서는 아람과 북이스라엘 연합 공격으로 위기에 처한 남유다의 왕 아하스에게 구원의 메시지를 주셨습니다. 하나님께서 구원하시려는 이유는 남유다와 아하스가 회개했기 때문이 아니라 하나님께서 왕이시기 때문입니다. "내가 유다의 왕이니 걱정할 것이 없다." 그렇기에 이 구원의 약속은 아주 확실합니다. 그런데 이에 대한 아하스의 대답은 "왜 하나님께서 유다의 왕이십니까? 내가 유다의 왕입니다. 하나님의 구원하심은 필요 없으니 방해하지 마시고 좀 빠져 계십시오."였습니다.

이처럼 아하스가 배은망덕한 모습을 보이며 하나님의 구원하심을 거부하는데도, 하나님께서는 자신의 구원 계획을 취소하지 않으시고 구원의 징조를 직접 내려주셨습니다. 이것이 하나님의 구원의 특성입니다. 이처럼 우리가 "내 인생은 나의 것입니다. 살든지 죽든지 좀 가만 내버려두십시오. 내 것을 건드리지 마십시오."라고 발악을 해도, 하나님께서는 "너는 내 것이라."고 하시며 구원의 손길을 놓지 않으십니다.

## 확실한 구원에 대한 예언

본문에 인용되어 있는 이사야서 7장의 내용을 살펴보겠습니다. 하나님께서는 아하스가 징조를 구하는 것을 거부하면서 하나님의 구원을 거부하자 친히 구원의 징조와 그것이 보증하는 예언을 주셨습니다. 이사야 7:14-16입니다.

사7:14그러므로 주께서 친히 징조로 너희에게 주실 것이라 보라 처녀가 잉태하여 아들을 낳을 것이요 그 이름을 임마누엘이라 하리라 15그가 악을 버리며 선을 택할 줄 알 때에 미쳐 버터와 꿀을 먹을 것이라 16대저 이 아이가 악을 버리며 선을 택할 줄 알기 전에 너의 미워하는 두 왕의 땅이 폐한 바 되리라

14절이 마태복음에 인용된 내용입니다. 여기에 '처녀가 잉태하여'라고 번역되어 있고, 또한 마태복음에서도 '처녀'라는 단어를 썼습니다. 하지만 히브리어 원문 '알마'라는 단어는 기혼이냐 미혼이냐의 관계없이 '젊은 여인'을 가리키는 말입니다. 즉, 아기를 잘 잉태하고, 또 잘 낳을 수 있는 건강한 젊은 여인을 가리킵니다. 젊은 여인이 잉태하는 일은 불가능한 일이 아니고 너무도 자

연스러운 일입니다.

그렇기에 자연스럽게 이 젊은 여인은 잉태하여 아들을 낳았고, 이것은 유다의 구원과 원수들의 멸망을 보증해 주는 징표입니다. 조금 시간이 걸리긴 하겠지만 그리 오래지 않은 시간 후에 구원이 임할 것임을 알려 주는 예언입니다. 그리고 징표와 예언대로 아람과 북이스라엘은 그 후로 얼마 지나지 않아 멸망을 당했습니다. 그러므로 이 징표와 예언을 받은 자는 하나님께서 자신들을 돌보고 계시며, 자신들을 구원하실 것에 대한 분명한 믿음을 가지고 굳건히 서 있어야 합니다.

## '젊은 여인'과 '처녀'

그런데 마태는 왜 '알마'를 '처녀'로 번역했느냐는 것입니다. 이것은 사실 마태가 바꾼 것이 아니고, 그 이전에 히브리어 구약 성경을 헬라어로 번역했던 '70인역'에서 그렇게 해놓았습니다. '70인역'의 번역자들이 왜 이렇게 바꾸었을까요?

먼저 성경은 '수리수리 마수리'와 같은 마법의 주문이 아닙니다. 인격자가 인격자에게 전하는 이야기입니다. 인격자라는 것은 이성적이며 도덕적인 판단을 가진 존재라는 의미입니다. 성경을 읽으면서 아무런 판단이 없이 그저 '맞습니다. 옳습니다.' 해서는 안 됩니다. '왜 이렇게 말씀하셨을까? 왜 이런 일이 일어나고 기록되었을까? 그렇다면 나는 어떻게 생각하고 행동해야 할까?'를 늘 고민하도록 성경을 주신 것입니다.

‘알마’라는 단어는 ‘젊은 여인’을 의미하는데도 ‘70인역’의 번역자들이 ‘처녀’라고 번역한 이유는 이 단어가 기혼 여성과 미혼 여성이라는 개념을 둘 다 담아서 이중적 의미를 가지고 있다고 보았기 때문입니다. 무슨 말이냐 하면, 이 예언은 기혼 여성이 애를 낳는다는 의미의 예언으로 한 번 이루어질 것이고, 또한 처녀가 애를 낳을 것이라는 예언의 성취가 또 한 번 있을 것을 의미한 것으로 보았다는 것입니다.

　이렇게 보게 된 이유는 ‘알마’라는 단어가 이중적인 의미를 가지고 있기 때문이기도 하지만, 이사야서 전체가 이렇게 태어나는 아이에 대해 당대에 태어난 아이로 이야기하기도 하면서 동시에 아주 신비롭게 메시야적인 인물로 발전시키고 있기 때문입니다. 이것은 다시 성경 전체의 메시야 사상과 조화를 이룹니다. 그렇기에 이 예언은 이중적이라고 생각할 수 있습니다.

　그렇더라도 그냥 ‘젊은 여인’이라고 번역해 놓아야 하지 않을까라는 생각이 들기도 합니다. 그것은 역사와 시간을 생각하지 않는 평면적인 사고에서 오는 것입니다. 번역자들이 번역을 하는 상황은 ‘젊은 여인’이 의미하는 한 쪽 편의 예언이 이미 이루어져 있던 상황이었습니다. 이것은 더 이상 역사적으로는 예언으로 작용하고 있지 않습니다.

　그러나 이 예언은 아직도 예언으로써 존재하고 있습니다. 왜냐하면 다른 한 쪽 편의 예언인 ‘처녀’가 잉태하는 일이 남아 있기 때문입니다. 그렇기에 이 예언을 예언으로써 기록하려면, 그리고 이사야서와 구약 성경 전체의 메시야에 대한 예언과 합치되도록 기록하기 위해서는 기혼과 미혼 둘 다를 의미하는 ‘알마’라는 단어를 그 뜻을 축소하여 '처녀'라고 번역할 수밖에 없던 것입니다. 그리고 결과적으로 신약성경이 이 생각을 계시에 대한 바른 이해와 발전이라고 인증하였습니다.

## 마헬살랄하스바스는 임마누엘

이사야 본문에서는 이 예언이 결혼한 젊은 여인에게서 이루어졌고, 그 여인은 다름 아니라 이사야의 아내였습니다. 이런 내용에 대해서 이사야 8장이 말해주고 있습니다. 3절입니다.

사8:3내가 내 아내와 동침하매 그가 잉태하여 아들을 낳은지라 여호와께서 내게 이르시되 그 이름을 마헬살랄하스바스라 하라 4이는 이 아이가 내 아빠, 내 엄마라 할 줄 알기 전에 다메섹의 재물과 사마리아의 노략물이 앗수르 왕 앞에 옮긴바 될 것임이니라

이사야의 아내가 잉태하였고 아들을 낳았습니다. 이 아이의 이름은 '마헬살랄하스바스'입니다. 이것은 '노략함이 속히 임하리라'는 뜻입니다. 아이의 이름이 섬뜩하긴 하지만 이름 자체가 유대의 구원에 관한 예언입니다. 왜냐하면 노략을 당하는 이들은 유다가 아니라 지금 유다를 공격하고 있는 두 나라 아람과 북이스라엘이기 될 것이기 때문입니다. 지난 시간에 말씀드렸지만 다메섹은 아람의 수도이고, 사마리아는 북이스라엘의 수도입니

다. 이 나라들의 수도가 앗수르에 의해 함락된다는 의미입니다.

이 일이 언제 일어날 것이냐, 이 아이가 아빠, 엄마를 부르기 전에 이루어진다는 것입니다. 아이가 엄마, 아빠라는 말을 하는 데는 얼마 걸리지 않습니다. 늦어도 1-2년 정도면 엄마, 아빠를 말할 수 있게 됩니다. 그러므로 1년 안에 지금 유다를 두려워 떨게 만들고 있는 나라들이 멸망을 당할 것이라는 예언입니다. 그리고 이 예언은 역사상 정확하게 일치하여 일어났습니다. 앗수르가 지금 유다를 쳐들어오는 두 나라를 쳐서 신속하게 노략질을 하고 서둘러 전리품을 취하였습니다.[3]

이처럼 위기에서 구원을 얻게 되었고, 예언을 통해 이것이 앗수르가 우리를 구원한 것이 아니라 하나님께서 우리를 구원하셨다는 것을 아주 분명하게 알게 됩니다. 여기서 하나님을 믿는 사람과 믿지 않는 사람이 현격하게 차이가 납니다. 하나님을 믿는 사람은 예언을 통하여 자신들에게 일어난 구원이 하나님의 은혜라는 사실을 아주 분명하게 알고 더욱 하나님을 믿는 믿음에로 나가게 될 것입니다. 그러나 예언을 믿지 않는 사람은 그저 우연히 그런 일이 일어났다거나 운이 좋았다거나, 더 교만한 자들은 자신이 실력이 좋아서 일이 이렇게 된 것이라고 생각합니다.

하나님을 믿고, 하나님께서 예언하신 것을 믿는 자들은 이 일의 진행과 성취를 보며 뭐라고 고백하였겠습니까? 사람들이 이 아이를 보면서 뭐라고 하겠습니까? '역시 하나님께서 우리와 함께 하시는구나'라고 하지 않겠습니까? 이것이 '임마누엘'입니

---

3  마헬살랄하스바스는 문법적으로 두 개의 군사적인 용어로 이루어져 있다. "서두르라, 약탈하라"

다. '우리와 함께'를 의미하는 '임마누'와 '하나님'이라는 단어인 '엘'이라는 복합어입니다. 마태복음이 이사야 7:14을 인용한 이유가 바로 이것입니다. 사람들이 마헬살랄하스바스를 보면서 '하나님이 우리와 함께 계신다.', '임마누엘'이라고 고백하였던 것과 마찬가지로 예수님을 보면서도 '하나님이 우리와 함께 계신다.'라며 '임마누엘'의 구원을 찬양하는 것입니다.

## 왜 처음부터 어려움을 막아주지는 않으시는가?

하지만 뭔가 이상한 점이 있습니다. 그 두 나라가 유다를 쳐들어오지만 결국 멸망시키기로 작정하셨다면, 아예 처음부터 막아주실 수 없는가? 왜 처음부터 막지 않으시고, 아람과 이스라엘이 동맹을 하게 하시고, 이걸 막을 힘이 없게 하시고, 왜 이런 어려움에 빠지도록 내버려 두시는지. "하나님, 그렇게 어려움에서 구원을 해주실 거라면 왜 처음부터 막아주시진 않으십니까?" 이것은 그 당대의 불평이기도 하고, 현재 우리의 불평이기도 합니다. 예수를 믿는다고 현실적인 어려움이 없어지는 것이 아니더란 말입니다. 남들처럼 병들고, 남들처럼 사고도 나고, 남들처럼 어렵고, 아니 오히려 훨씬 더 어렵게 느껴집니다.

'하나님은 우리의 인도자가 되시며 복이요 상급이 되신다면서 왜 어려운 일들과 고통을 사전에 봉쇄해 주시지는 않는가?' 여기에 대한 답을 이사야의 첫째 아들의 이름에서 볼 수 있습니다. 이사야 7:3입니다.

사7:3**때에 여호와께서 이사야에게 이르시되 너와 네 아들 스알야숩은 윗못 수도 끝 세탁자의 밭 큰 길에 나가서 아하스를 만나**

하나님께서는 이사야가 아하스를 만나러 갈 때에 첫째 아들인 스알야숩을 데리고 가라고 하십니다. 왜 첫째 아들을 데리고 가라고 하셨을까요? 그냥 이사야 혼자가기 심심할까봐 데리고 가라고 하셨겠습니까? 그렇지 않겠죠. 그 아이가 싸인(sign)이기 때문에 데려가라고 하신 것입니다.

스알야숩의 뜻은 '남은 자가 돌아온다.' 입니다. 뭘 하고 남은 자가 돌아온다는 것일까요? 그것은 그들이 만나는 장소가 말해줍니다. 그들은 '세탁자의 밭'에서 만납니다. 세탁자의 밭이란 직물이나 가죽 등의 색을 탈색하는 공정을 하던 곳으로써 기술과 장비가 필요했으며 여러 가지 천연 세제들을 사용하였습니다. 이 두 가지 이미지, 즉 '남은 자가 돌아온다.'는 이름의 이미지와 '세탁자의 밭'이라는 장소적 이미지가 결합하여 세탁되어 깨끗하게 정화된 자들에 대한 구원을 의미한다는 것을 쉽게 알 수 있습니다. 이것이 바로 스알야숩을 데리고 세탁자의 밭에서 아하스를 만나게 하신 이유입니다.

## 우리의 구원은 죄에서의 구원

이러한 정화 작업이 왜 필요합니까? 이들이 받을 구원이 군사적, 정치적, 경제적이지 않고, 죄에서의 구원이기 때문입니다. 하나님께서는 당신의 백성들을 죄에서 구원하시기 위해서라면 어떤 환난과 고통 속에라도 넣으시겠다는 것입니다. 당신의 백성들을 세탁기 속에 집어넣고 각종 세제를 넣고, 각종 도구들을 사용하여 밟고, 짜고, 두드려서 검은 물이 다 빠져서 하얀색 천이 될 때 까지 가만두지 않으시겠다는 말씀입니다. 그렇게 해서 죄를 뽑아내시고야 말겠다는 말씀입니다. 이것이 정확히 우리가 받을 구원입니다. 우린 이제 '죽었다'를 복창하고 훈련소에 입소한 자들입니다. 유대인들이나, 우리들이나 늘 '마헬살랄하스바스', 즉 하나님을 대적하는 자들과 우리를 대적하는 자들에 대한 심판이 먼저 오기를 기대합니다. 유대인들은 메시야가 자신들을 로마의 군사적, 정치적 압제에서 구원해 주기를 원했습니다. '마헬살랄하스바스'가 먼저 오기를 기대했습니다. 우리도 예수 그리스도께서 주시는 구원이, 우리의 원수들을 모두 다 물리쳐 주시고, 우리의 평안함, 형통함을 가져다주시는 구원이기를 기대합니다.

그러나 오늘의 본문은 **"그가 자기 백성을 저희 죄에서 구원할 자이심이라"**라고 하십니다. 예수 그리스도께서 주시는 구원은 죄에서의 구원이라는 말입니다. 다른 사람의 죄가 아니라 바로 우리 자신들의 죄에서의 구원을 말씀하고 있습니다. 이것을 위하여 '스알야숩', 즉 우리의 정화 작업이 먼저 와야 합니다. 인정하시고 감내하셔야 합니다.

못 버티겠다고 울고 소리 지르고 난리를 치셔도 소용이 없다는 것을 아셨으면 좋겠습니다. 아무리 그렇게 해도 안 봐주십니다. 고름을 짜내는 외과 의사가 환자의 사정을 봐주느라고 대충

짜고 치료 할 수는 없지 않습니까? 그것은 결코 환자를 위한 길이 아닙니다. 잔인해 보일 만큼 냉철하게 마지막 한 방울까지 짜내고, 소금물을 부어서 소독까지 해서 재발을 방지해야 진짜 훌륭한 의사겠지요. 하나님께서는 분명히 그렇게 하실 것입니다. 그러니 그냥 힘을 빼십시오. 하지만 그렇게 하셔서 우리를 더 고귀한 생명에로 이끄시고, 우리를 통하여 세상에 하나님의 은혜를 증거 하실 것입니다. 그것을 소망하면서 오늘 우리에게 주어진 고난과 고통을 기쁘게 여기시길 바랍니다.

# 제**6**장

마헬살랄하스바스, 스알야숩 그리고 magi

## 마태복음 2장 1-12절

● ● ¹헤롯 왕 때에 예수께서 유대 베들레헴에서 나시매 동방으로부터 박사들이 예루살렘에 이르러 말하되 ²유대인의 왕으로 나신 이가 어디 계시뇨 우리가 동방에서 그의 별을 보고 그에게 경배하러 왔노라 하니 ³헤롯 왕과 온 예루살렘이 듣고 소동한지라 ⁴왕이 모든 대제사장과 백성의 서기관들을 모아 그리스도가 어디서 나겠느뇨 물으니 ⁵가로되 유대 베들레헴이오니 이는 선지자로 이렇게 기록된 바 ⁶또 유대 땅 베들레헴아 너는 유대 고을 중에 가장 작지 아니하도다 네게서 한 다스리는 자가 나와서 내 백성 이스라엘의 목자가 되리라 하였음이니이다 ⁷이에 헤롯이 가만히 박사들을 불러 별이 나타난 때를 자세히 묻고 ⁸베들레헴으로 보내며 이르되 가서 아기에 대하여 자세히 알아보고 찾거든 내게 고하여 나도 가서 그에게 경배하게 하라 ⁹박사들이 왕의 말을 듣고 갈쌔 동방에서 보던 그 별이 문득 앞서 인도하여 가다가 아기 있는 곳 위에 머물러 섰는지라 ¹⁰저희가 별을 보고 가장 크게 기뻐하고 기뻐하더라 ¹¹집에 들어가 아기와 그 모친 마리아의 함께 있는 것을 보고 엎드려 아기께 경배하고 보배합을 열어 황금과 유향과 몰약을 예물로 드리니라 ¹²꿈에 헤롯에게로 돌아가지 말라 지시하심을 받아 다른 길로 고국에 돌아가니라 ● ●

히브리어

앞에서 '자기 백성을 저희 죄에서 구원'하신다는 말씀의 의미와 '임마누엘'이 과연 무슨 의미인지 추적해 봤습니다. 이것을 위해 저자 마태가 인용한 구약의 이사야 7장을 살펴보았습니다. 거기에는 **'마헬살랄하스바스'**라는 아이가 구원의 증표(sign)로 주어집니다. '마헬살랄하스바스'란 이름의 뜻은 '네 대적의 멸망이 속히 올 것이다'입니다.

그런데, '네 대적의 멸망이 속히 오리라'는 의미의 '마헬살랄하스바스'는 이사야의 둘째 아들입니다. 이보다 먼저 이사야의 첫째 아들을 또 하나의 증표(sign)으로 보내셨는데, 그 아이의 이름은 **'스알야숩'**입니다. 이 이름의 뜻은 '남은 자가 돌아온다.'입니다. 즉 정화 작업이 먼저 있을 것임을 시사하고 있습니다.

예수님께서 우리를 구원하시는 과정도 이와 동일합니다. 예수님께서는 궁극적으론 구원하시지만, 그 전에 먼저 우리를 정화시키십니다. 우리의 죄와 허물로부터 우리를 정화시키시는 구원, 우리 자신의 죄에서 우리를 구원해 주십니다. 그걸 위해서라면 주께서는 이스라엘을 바벨론의 포로로 보내셨듯이 어디든지, 우리를 어떤 어려움에라도 보내십니다.

　이것은 우리가 기대하는 '임마누엘' 즉, 하나님이 우리와 함께 계시면 우리가 만사형통할 것이라고 믿는 것과는 완전히 다른 내용입니다. 우리는 세상 속에 찌그러져 있어서, 차이는 깡통 같을 것입니다. 주께서 요구하시는 그 수준에 도달하기까지는 어려움이 우리를 떠날 날이 없습니다. 또한 이런 우리를 보고 세상은 재미있어 합니다. 우리를 조롱하며, 우리 하나님을 조롱합니다. 그러나 저들은 망할 것입니다. 저들은 우리의 구원, 우리의 성결을 위한 막대기에 불과합니다. '마헬살랄하스바스'가 속히 오게 됩니다.


## 크리스마스, 12월 25일에 태어나셨다고? 천만에!!!

─────────

　오늘 본문의 내용을 여러분께서 너무도 잘 아시리라고 생각됩니다. 이 땅에 복음이 편만(遍滿)하게 전해진 관계로 예수님의 탄생 사건은 그리스도인들만 알고 있는 비밀로 존재하기보다는 온 세상의 축제일이 되었습니다. 그렇게 됨으로 인하여 많은 부작용이 생겼으며, 오히려 복음을 이해하는데 방해 요소가 되어 온 것이 사실입니다. 본문이 주는 긴박한 긴장감과 예수 그리스도의 탄생이 주는 본질적인 의미를 확인하지 못하고, 그저 아름다운 그림만을 그리고 있습니다.

저는 지금 행해지고 있는 크리스마스의 모습을 염려스럽게 보고 있습니다. 아주 명확한 대체물을 가지고 있는 듯 보입니다. 크리스마스에는 예수님보다 산타클로스라는 멋진 긴 수염의 할아버지가 오시는 날이 되었습니다. 이 분은 구원을 주시지 않고, 내가 받고 싶은 선물을 주고 있습니다. 마구간에 첫 거처를 삼으실 정도로 초라하게 오셨는데, 오늘날은 일 년 중에 가장 화려한 날이 되었습니다. 오늘날의 크리스마스는 가장 흥청망청 대는 날이지만, 예수님께서 구원을 위해 오신 날에는 의미 깊은 비장함이 있습니다. 결코 떠들썩하게 즐거운 날일 수 없습니다.

또한 12월 25일에 예수께서 나셨다고 생각하는 신학자는 거의 없습니다. 지금 가까운 목사가 있다면 진지하게 물어보십시오. 제대로 교육을 받은 목사라면 예수님께서 12월 25일에 태어난 것은 아니라고 대답할 것입니다. 성경이 가르쳐주고 있지 않은 날을 굳이 우리가 우리 마음대로 추정하여 지키는 것이 옳은 태도인지 돌아봐야합니다. 개혁주의 전통 속에서는 크리스마스를 지키는 것을 금지시키고자 하는 노력들이 있어왔습니다. 진정한 그리스도인들이라면 오늘날의 크리스마스의 세태를 보며 맘이 상했을 것이고, 개혁주의 선배들의 그런 노력이 옳았다는 것을 깨닫게 될 것입니다.

## 구약을 인용하는 마태

오늘 본문의 내용을 간단히 살피면 동방에서 박사들이 와서 새로 나신 유대인의 왕을 찾고, 예루살렘은 발칵 뒤집힙니다. 결국 당시 종교 전문가들은 메시야가 베들레헴에서 날 것이라는 예언을 발견하고 박사들은 베들레헴에 가서 예수 그리스도를 만나 경배하였습니다. 그리고는 헤롯 몰래 본국으로 돌아갔습니다.

이 사건의 의미를 전달하기 위해 마태는 또 구약의 구절을 인용하고 있습니다. 미가서 5:2입니다.

미5:2**베들레헴 에브라다야 너는 유다 족속 중에 작을지라도 이스라엘을 다스릴 자가 네게서 내게로 나올 것이라 그의 근본은 상고에, 태초에니라**

앞에서도 보셨지만 마태가 구약을 인용할 때는 '단어나 지명이 일치한다, 그러니까 이분이 메시야가 맞다.' 이런 변명의 이야기를 쓰려고 한 것이 아닙니다. 예수님의 메시야 되심이 갖는 깊은 의미가 과연 무엇인지를 더 풍성히 설명하기 위해서 구약을 인용하고 있습니다. 인용되고 있는 구절을 통해 그 문맥 전체를 가지고 들어오고 있습니다.

인용된 구절을 봐도 구약에 대해서 잘 모르는 우리로서는 쉽게 이해하지 못하지만, 이 글을 처음 받아 읽는 1차 독자는 유대인이고 구약을 잘 알고 있기에 알아들을 수 있었습니다. 그러므로 우리도 이 내용들을 제대로 이해하고자 한다면 구약을 살펴봐야 합니다. 이걸 확인하지 않고 넘어가면서 마태복음을 잘 이해한다는 것은 거의 불가능합니다.

성경은 우리에게 하나님께서 주시는 기본 진리를 어느 누가 읽어도 알 수 있도록 씌어진 책입니다. 그렇다고 해서 성경이 쉬운 책이라는 이야기는 아닙니다. 2000년 동안 성경을 연구했어도 많이 알고 있지 못합니다. 평생을 공부해도 마찬가지입니다. 성경이 신비한 책이며, 하나님의 계시이기 때문에 그렇습니다.


## 뇌물 위해 재판, 삯을 위해 교훈, 돈을 위해 예언

미가 선지자는 지난 시간에 이야기했던 이사야 선지자와 동시대 인물로서 주로 아하스 왕 때 활동했습니다. 이사야 선지자는 왕과 정치적 지도자들 앞에 서서 활동을 했다면 미가 선지자는 일반 백성들 앞에 활동했습니다. 아하스 왕도 하나님의 말씀을 잘 듣지 않아서 징벌을 받았지만, 왕만 그런 것은 아니고 미가 선지자에 따르면 이 일반 백성들도 마찬가지로 하나님 앞에 범죄하고 있었습니다. 미가 선지자의 고발을 보겠습니다. 미가서 3:9-11입니다.

미3:9야곱 족속의 두령과 이스라엘 족속의 치리자 곧 공의를 미워하고 정직한 것을 굽게 하는 자들아 청컨대 이 말을 들을지어다. 10시온을 피로, 예루살렘을 죄악으로 건축 하는 도다. 11그 두령은 뇌물을 위하여 재판하며 그 제사장은 삯을 위하여 교훈

하며 그 선지자는 돈을 위하여 점치면서 오히려 여호와를 의뢰하여 이르기를 여호와께서 우리 중에 계시지 아니하냐. 재앙이 우리에게 임하지 아니하리라 하는 도다.

지난 시간에 본 이사야는 왕의 행위에 대해 고발하고 하나님의 뜻과 얼마나 멀리 떨어져 가는가를 지적했다면, 미가 선지자는 지금 작은 권력, 고을의 두령과 같은 자들이 일반 백성에게 행한 착취를 지적하고 있습니다. 이들은 자신에게 주어진 사회적 정치적 지위를 이용하여 사리사욕(私利私慾)을 채우고, 가난하고 힘없는 자들을 착취했습니다. 그러면서도 자신들이 하나님을 믿고 있으니까 망하지 않을 것이라고 확신하고 있습니다. 이런 이들에게 미가서 3:12을 말씀하셨습니다.

미3:12이러므로 너희로 인하여 시온은 밭같이 갊을 당하고 예루살렘은 무더기가 되고 성전의 산은 수풀의 높은 곳과 같게 되리라

'멸망한다.' 이것입니다. 지금 나라의 왕은 왕대로 하나님을 의지하지 않고 나아가서 망할 위기에 처해 있고, 일반 백성들은 백성들대로 공의와 자비를 행하지 않아서 망할 위기에 처해 있습니다. 머지않아 이제 앗수르가 쳐들어와서 이 모든 것을 뒤집어엎을 것입니다. 그날에는 불의하게, 무자비하게 모은 은금과 지위가 오히려 해가 됩니다. 하나님께서 밭을 갈아엎으시듯 갈아엎으실 것입니다.

## 망하는 것이 당연하다. 망하기는 하는데....

그런데 미가서 4:6-8, 13을 보면,

<sup>미4:6</sup>여호와께서 말씀하시되 그날에는 내가 저는 자를 모으며 쫓겨난 자와 내가 환난 받게 한 자를 모아 <sup>7</sup>그 저는 자로 남은 백성이 되게 하며 멀리 쫓겨났던 자로 강한 나라가 되게 하고 나 여호와가 시온 산에서 이제부터 영원까지 그들을 치리하리라 하셨나니 <sup>8</sup>너 양 떼의 망대요 딸 시온의 산이여 이전 권능 곧 딸 예루살렘의 나라가 네게로 돌아오리라

<sup>미4:13</sup>딸 시온이여 일어나서 칠지어다. 내가 네 뿔을 철 같게 하며 네 굽을 놋 같게 하리니 네가 여러 백성을 쳐서 깨뜨릴 것이라 내가 그들의 탈취물을 구별하여 여호와께 드리며 그들의 재물을 온 땅의 대주재께 돌리리라

저는 자를 모아 남은 백성을 삼아서 돌아오게 하겠다고 선언해 주셨습니다. 그런 다음에 여러 백성을 치게 될 것이라고 하십니다. 이게 무엇입니까? 이것이 지난 시간에 이야기 했던 바로 이사야서 7장의 그 '스알야숩'과 '마헬살랄하스바스', 정화 작업 후 남은 자가 돌아오고 나서 네 대적이 패망한다는 것입니다. 이것이 마태 기자가 일관되게 설명하고 싶은 구원의 성격과 과정이라는 것을 확인할 수 있습니다.

## 마태가 미가서를 인용한 진짜 이유

———

하지만 현실은 정화 작업 중이기에 침략자들에게 고통 받고 있습니다. 심지어 이스라엘의 통치자조차도 침략군들의 몽둥이에 뺨을 맞고 있을 뿐입니다.

미5:1(표준새번역)**군대의 도성아, 군대를 모아라! 우리가 포위되었다! 침략군들이 몽둥이로 이스라엘의 통치자의 뺨을 칠 것이다.**

왕이 포위되었고, 잡혀서 모욕을 당하면서 뺨을 맞고 있습니다. 그런데 누구 보고 군대를 모으라고 합니까? 허무한 요청이요, 허공에 뿌리는 한탄일 뿐입니다. 이러한 현실 속에서 주어지는 미가 5:2를 마태가 인용하고 있는 것입니다. 비참한 현실, 도무지 아무런 희망도 없는 상황에서 던져진 말씀임을 생각하지 않는다면 제대로 이해할 수 없습니다.

미5:2**베들레헴 에브라다야 너는 유다 족속 중에 작을지라도 이스라엘을 다스릴 자가 네게서 내게로 나올 것이라 그의 근본은 상고에, 태초에니라**

이 상황 속에선 갑작스러운 예언, 새로운 통치자에 대한 언급만으로도 강력한 희망의 메시지가 되는 것입니다. 지금의 왕으로는 이 상황을 이겨낼 수 없습니다. 새로운 통치자가 필요하고 반드시 올 것이라고 선언되고 있습니다. 그는 그저 그렇고 그런 수

준의 인물이 아니라 이 왕은 하늘로 말미암고, 처음, 창조 때부터 계신 분입니다. 여기 '작다'는 표현은 하찮은 것이나 시시한 것을 의미합니다. 이렇게 대단한 왕이 성전의 도시 예루살렘과 같이 유명하고 주목 받는 곳의 출생이 아니기에 사람들이 못 알아 볼 것이란 말씀입니다. 소망의 시작이 그들이 하찮게 여기는 곳, 시시한 곳에서부터 일어날 것인데, 이 왕이 어떤 일을 하게 될 것인가?

미5:5 **이 사람은 우리의 평강이 될 것이라 앗수르 사람이 우리 땅에 들어와서 우리 궁들을 밟을 때에는 우리가 일곱 목자와 여덟 군왕을 일으켜 그를 치리니 6그들이 칼로 앗수르 땅을 황무케 하며 니므롯 땅의 어귀를 황무케 하리라 앗수르 사람이 우리 땅에 들어와서 우리 지경을 밟을 때에는 그가 우리를 그에게서 건져내리라**

이 새로운 왕이 통치할 때 만일 앗수르 사람이 쳐들어오면 그가 오히려 앗수르의 본국을 초토화 한다고 합니다. 그러나 이건 꼭 앗수르일 필요는 없습니다. 미가 시대에 곧 있을 침략이 앗수르로 말미암은 것이기 때문이지, 사실은 모든 열방을 다 말합니다. 새로 세워질 왕은 자신의 백성을 열방으로부터 구원할 것이며, 모든 열방이 이 새로운 왕의 통치를 받게 될 것이란 말씀입니다. 이것이 바로 마태가 미가서를 인용한 이유입니다. 마태는 예수 그리스도께서 바로 미가서에 예언된 새로운 왕이심을 확인시키고 있습니다. 그리고 그것을 증명하는 것이 바로 동방

박사들의 방문입니다.

## 전운이 감도는 크리스마스

이제 마태복음으로 돌아가겠습니다. 지금 유다에는 왕이 있습니다. 헤롯입니다. 그런데 헤롯 왕 앞에 동방에서 박사들이 왔습니다. 여기에서 박사는 마기(Magi)입니다. 마기란 단순한 박사가 아닙니다. 마기(Magi)들은 나라의 흥망성쇠를 점치고, 정책을 결정하며, 때로는 왕의 뜻을 전달하는 사신으로서 역할을 하던 국가적으로 중요한 인물들입니다. 다니엘과 세 친구를 아실 것입니다. 그들이 바로 마기(Magi)로 훈련 받고 있던 것입니다. 이런 사람들이 긴 여행을 떠난다는 것은 어떤 식으로든지 왕의 제가(制可)를 받지 않으면 안 됩니다.

그런 인물들이 지금 예루살렘에 와서 새로 나신 왕이 어디 있느냐고 찾았습니다. 헤롯왕이 멀쩡히 살아있는데, '너 말고' 다른 왕을 찾고 있습니다. 지금의 왕으로는 이 백성을 구원할 수 없다는 미가의 메시지를 전달하고 있습니다. 그 백성을 위해서는 새로운 왕이 필요하며, 이미 새로운 왕이 이 땅에 왔다는 것입니다. 그 새로운 왕은 베들레헴이라는 시시한 시골 동네에서 특별할 것이 없는 힘없는 아기로 태어났습니다. 그러나 이것이 구원의 시작입니다.

동방의 박사(Magi)들은 당대의 학자로서 고대의 문헌들을 두루 살피는 가운데 구약 성경도 보았을 것입니다. 그리고 미가서의 예언도 살펴보았을 것입니다. 그러면서 자연히 이스라엘에 올 새로운 왕에 대해서 알았을 것이고, 이 예언에 대해 자신들의 왕에게 보고를 하였을 것입니다. 그렇다면 이 예언의 진위에 대해서 살피는 것이 국가의 존망에 지대한 영향을 미칠 것이기에 박사(Magi)들을 보내게 된 것입니다. 즉, 동방의 제국들은 이 새로운 왕(진짜로 왔다면)에게 잘못 보여서, 혹여 전쟁이라도 나면 미가서의 예언대로 오히려 자신들의 본국까지 뒤집어질 것을 무서워하여 미리 알아보고 예물을 드려서 화친하고자 일종의 사신을 보내 조공을 드린 것입니다.

그렇기에 이들은 지금 이스라엘의 왕인 헤롯과 화친을 맺지 않습니다. 아니 안중에도 없습니다. 오히려 헤롯의 부탁을 거절하며(2:8), 새 왕을 만난 뒤 몰래 본국으로 돌아갑니다. 외교적 결례일 뿐 아니라 스파이가 된 것이며, 적이 될 각오입니다. 기존의 세상 왕(사단이든 헤롯이든)은 조만간 이 새로운 왕과 전면전이 불가피해졌습니다. 전운이 감도는 극도의 긴장 상태입니다.


## 복음의 요구

이것이 바로 예수님이 오신 사건이 주는 의미입니다. 이런 세상과의 고도의 긴장이 있는 날이 바로 예수님이 탄생한 날입니다. 이것이 복음, 유앙겔리온(εὐαγγέλιον)의 참의미입니다. 새로운 왕의 탄생을 알리는 소식이 그 왕과 그 나라를 기대하고 있는 자들에게는 기쁜 소식이지만, 기존의 왕에게는 악몽과 같은 이야기가 되는 것입니다. 예수님의 탄생은 복음이고, 복음은 전쟁의 시작입니다. 새로운 왕에 대한 예언을 믿는 자들은 저 멀리서도 와서 경배하지만, 기존의 왕은 이들을 반역의 무리로 볼 수밖에 없습니다. 이 둘 중에 누구를 따르고, 누구의 적이 될 것이냐를 결정해야 하는 것이 복음의 요구이며 신앙입니다.

이것을 지금 우리의 현실에 적용하자면, 이 세상의 권세 잡고 있는 기존의 왕은 결국 누구입니까? 돈이고, 세상의 권력입니다. 이것이 지금 세상의 권세를 잡은 왕입니다. 여기서 놓여 자유 할 방법이 없습니다. 타락으로 인하여 목적과 수단의 도치가 일어난 세상에서 인간은 도구화 되어 있으며 이것을 거부할 힘이 존재하지 않습니다.

그러나 예수 그리스도를 믿어 그분을 왕으로 모시고 하나님 나라 백성이 되면, 이 세상 왕은 우리에게 왕 노릇할 수 없게 됩니다. 새로운 왕이신 예수 그리스도께서는 우리를 그 모든 죄악의 권세로부터 구원하실 것입니다. 진정 타락으로 말미암아 뒤틀리고 벌어진 목적과 수단의 관계를 바로 잡으시며 돈과 권력 등이 죄악에 봉사하지 못하게 하실 것입니다.

여전히 그 세력들이 남아서 때때로 우리를 어렵게 하고, 때로는 유혹하지만, 우리를 완전히 점령하지 못합니다. 이 세상의 힘과 권력, 돈의 권세가 우리를 향해 입을 벌리고, 소리 지르며 위협할 것입니다. 우는 사자처럼 우리를 삼켜버릴 듯한 모습을 보일 것입니다. 하지만 우리의 왕이신 예수 그리스도께서는 이러한 공격으로부터 우리를 보호하실 것입니다. 미가서에 예언된 대로 우리를 공격하는 악의 세력의 본토를 짓뭉개고 구원해 주실 것입니다. 우리가 하나님의 자녀이기에 저 악한 세력들은 우리를 끝까지 눌러 무너뜨리지 못합니다. 우리는 최후의 승리가 보장된 자들입니다.

오늘 이런 것들의 공격을 받아 어려움에 처하게 하신 이유는 그분이 힘이 부족해서가 아니라, 우리를 우리의 죄로부터 구원하기 위함입니다. 그것이 하나님의 뜻입니다. 그 뜻을 이루시기 위해 잠시 세상의 권세, 돈, 권력들을 쓰시는 것뿐입니다. 그렇기에 우리는 우리 자신의 죄로부터 우리를 정화시켜 나가는데 힘써야 합니다. 이것을 위하여 세상의 모든 것이 동원되고 있다는 사실을 깨닫고 믿어야 합니다. 이런 사실을 직시하시고 신자된 특권이 무엇이며, 우리의 삶의 본질이 무엇인지 확인하셔서 그 많은 어려움 속에서라도 자랑과 승리와 감사가 있는 삶을 영위해야 합니다.

# 제7장

호세아, 바람난 아내를 끝없이 품다

**마태복음 2장 13-15절**

●●¹³저희가 떠난 후에 주의 사자가 요셉에게 현몽하여 가로되 헤롯이 아기를 찾아 죽이려 하니 일어나 아기와 그 모친을 데리고 애굽으로 피하여 내가 네게 이르기까지 거기 있으라 하시니 ¹⁴요셉이 일어나서 밤에 아기와 그의 모친을 데리고 애굽으로 떠나가 ¹⁵헤롯이 죽기까지 거기 있었으니 이는 주께서 선지자로 말씀하신바 애굽에서 내 아들을 불렀다 함을 이루려 하심이니라 ●●

εͅπτά

마태복음 1, 2장은 유대인들에게 '예수 그리스도께서는 과연 어떤 메시야인가!'에 대해 설명해 주고 있습니다. 그런데 유대 인을 대상으로 하다 보니 저자는 유대인들이 구약 성경을 잘 알 고 있을 것으로 생각하여서 구약 성경을 함축적으로 인용하고 있습니다.

하지만 문제는 우리가 구약을 유대인들만큼 알지 못하기 때문 에 이해하기가 참으로 어렵다는 것입니다. 그 어려움은 여러분 만의 어려움이 아니라 준비하는 저에게도 상당히 어렵다는 것 을 의미합니다. 너무 어렵기 때문에 그냥 대충 넘어가고 싶은 마음이 크지만, 하나님의 친서를 한 구절이라도 소홀히 넘어 갈 수가 없기에 하나씩 살펴보고자 합니다.

그리스도인들에게 성경 말씀은 양식입니다. 성경 말씀을 바르게 아는 것이 그리스도인이 하나님 나라 백성으로 살아갈 수 있는 원동력이 됩니다. 성경을 대충 대충 알게 되면 먹을 때는 입에 달짝지근하지만 건강한 몸을 형성하는데 결코 도움이 되지 않는 불량식품을 먹는 것과 다를 것이 없습니다.

## 전쟁의 단초와 무자비한 공격

지난 7강에서는, 베들레헴에서 나신 예수 그리스도를 경배하러 온 동방 박사에 관한 사건을 보았습니다. 이 사건의 의미를 파악하기 위해 살펴 본 미가서는 새로운 왕의 탄생을 예고하고 있고, 이 왕은 온 세상을 정복할 강력한 왕이 되실 것이라는 예언을 말씀해 주고 있었습니다. 이 동방의 박사들은 그냥 학문적인 박사가 아니라 마기(Magi), 원어로는 '마고이'라는 한 나라의 정책을 논하는 왕의 자문 위원들이었습니다.

이들이 지금 강력한 왕이 탄생할 예언과 그에 따른 징조를 보고 새로운 왕에게 화친을 청하러 예물, 조공을 가지고 자기들 나라의 왕의 사신으로서 예수 그리스도께 나왔습니다. 그런데 이 과정 속에서 사신들은 세상의 왕 앞으로 인도 되었고, 거기서 새로운 왕의 탄생을 선포함으로써 드디어 기존 왕과 새로운 왕과의 전쟁이 시작되었습니다.

헤롯은 박사들이 자신에게 알려주지 않고 돌아간 것을 알고 화가 났습니다. 단순히 알려주지 않은 것이 아니라 사신을 잃은 것이오, 동맹국을 잃은 것이기 때문입니다. 동방의 사신들이 새로운 왕과 자신 사이에서 새로운 왕을 택했다는 것은 새로운 왕이 무시할 수 없을 만큼 강력한 왕이라는 사실을 뒷받침합니다. 헤롯이 새로운 왕에 대해 두려움을 갖는 것은 당연합니다. 극도로 불안해진 헤롯은 베들레헴 지역에 있는 두 살 아래의 남자 아이들을 다 죽이는 잔혹함을 드러냅니다. 그러나 하나님께서는 주의 사자를 보내셔서 세상 왕의 공격으로부터 당신의 아들을 구해서 애굽에 보내시고, 헤롯이 죽자 다시 돌아오게 하십니다.

## 억지로 갖다 붙인 듯 보이는 구약 인용구

그런데, 문제는 이 사건에 대한 마태 저자의 해석입니다. 마태는 이 사건들이 구약과 연관 있는 것이라고 우리에게 가르쳐 주고 있습니다. 이것을 위해서 선지자의 예언 세 개를 인용하고 있고 지금까지 우리가 해왔듯이 그것을 살펴보아야 비로소 본문의 의미를 바르게 파악할 수 있습니다.

세 가지 인용문 모두 대단히 중요한 의미를 함축하고 있습니다. 지금은 첫 번째 인용문에 대해서만 살펴보도록 하겠습니다. 마태복음 2:15는 호세아 11:1을 인용한 것입니다.

마2:15下이는 주께서 선지자로 말씀하신바 애굽에서 내 아들을 불렀다 함을 이루려 하심이니라

호11:1 이스라엘의 어렸을 때에 내가 사랑하여 내 아들을 애굽에서 불러내었거늘

그런데 이렇게 인용문만 봐서는 그저 비슷한 그림이 있다고 억지로 끌고 들어온 것같이 생각되기도 합니다. 엄밀히 보자면 애굽으로 갔다가 온 것은 도망갔던 것인데, 그걸 하나님께서 사랑하여 애굽에서 불렀다는 내용으로 가져다 붙이는 것이 잘 납득되지 않습니다. 이것은 우리가 구약을 잘 모르기 때문에 갖게 되는 생각이며 선입견입니다. 그렇기에 우리는 이 호세아 11:1에 대해서 좀 더 포괄적인 접근을 시도해 보아야겠습니다.

### 호세아 선지자, 음란한 고멜과 혼인하다.

호세아 선지자는 B.C. 755-710년 사이에 북왕조 이스라엘에서 사역했습니다. 지난 시간에 보았던 이사야와 미가 등과 비슷한 시기에 활동한 선지자입니다. 다만 이사야와 미가는 남왕조 유다에서 활동을 했던 반면, 호세아는 북왕조 이스라엘에서 메시지를 선포했던 선지자입니다. 호세아는 아주 독특한 명령을 수행하게 됩니다. 호세아 1:2입니다.

호1:2中**여호와께서 호세아에게 이르시되 너는 가서 음란한 아내를 취하여 음란한 자식들을 낳으라 이 나라가 여호와를 떠나 크게 행음함이니라.**

하나님께서는 호세아에게 이스라엘의 타락을 지적하라는 사명을 주시면서 이 일을 수행할 그에게 음란한 여인과 혼인하고 자녀를 낳으라는 명령을 주십니다. 일반적인 시각으로 볼 때 도저히 납득하기 어려운 명령입니다. 호세아는 이 명령에 따라 음란한 고멜과 결혼을 해서 3명의 아이를 낳습니다. 이 여인은 이후에 남편과 아이들을 버리고 도망을 가서 다른 남자와 살다가 결국에 노예시장에까지 팔려가게 됩니다. 그런데 호세아는 이렇게 행음에 팔려간 고멜을 다시 사와서 가정을 새롭게 세웁니다.

이런 괴이한 일을 통해 호세아는 큰 아픔과 고통을 경험합니다. 자신의 부인이 음란한 자녀를 낳고, 또한 부정을 저지르는 수준이 아니라 가정과 자녀까지 내팽개치고 돌아다니다가 인신매매 당하여 노예 시장에까지 팔린 아내를 도로 사오면서 그 마음이 어떠했겠습니까? 그 참담함이란 이루 말할 수 없을 것입니다. 그러면서도 끝내 버릴 수 없는 가정, 부인과 자녀를 생각하며 얼마나 울었겠습니까!

이런 가운데서도 부인과 자녀를 사랑하는 호세아의 심정을 생각해보십시오. 이것이 바로 하나님의 마음입니다. 이스라엘 백성의 범죄에 대하여 하나님께서 어떤 심정을 갖고 계시는지, 이스라엘을 차마 버리지 못하시는 그 사랑에 대해 호세아를 통해서 보여주신 것입니다. 이것을 알지 못하면 호세아서는 도무지 무슨 말인지 모르게 씌어 있습니다.

## 호세아의 자녀는 핵심 메시지

호세아가 전하는 메시지의 핵심을 좀 살펴보겠습니다. 이것은 호세아의 자녀들 이름에 들어있습니다. 호세아 1:4-9에 기록되어 있습니다. 차례로 보겠습니다.

**호1:4여호와께서 호세아에게 이르시되 그 이름을 이스르엘이라 하라 조금 후에 내가 이스르엘의 피를 예후의 집에 갚으며, 이스라엘 족속의 나라를 폐할 것임이니라**

이스르엘 이라는 장소는 지금의 예후 왕조가 그전의 오므리 왕조를 제거한 장소입니다. 이 오므리 왕조는 하나님께 반역하고 악을 행함이 극도에 달했기 때문에 멸망을 당했습니다. 이런 오므리 왕조의 악행을 심판하도록 허락하시면서 세워주신 왕조가 바로 예후 왕조입니다. 그런데 이 예후 왕조가 또 타락하여 하나님을 반역하며 악행을 저지르고 있습니다. 왜 자신들이 칼을 들었는지를 망각한 것이며, 그렇다면 그 칼로 흘린 피를 도로 받는 것이 마땅합니다. 그래서 이스르엘에서 흘린 피를 예후의 집에 갚으시겠다는 말씀입니다. 하나님께서는 이렇게 공의를 시행하고 계십니다.

그런데 문제는 이런 예후의 집, 예후 왕조의 멸망을 말씀하시면서 북이스라엘이란 나라의 멸망을 함께 예언하고 계십니다. 사실 그동안 북이스라엘은 왕조의 타락으로 인한 여러 번의 반정으로 여러 번 왕조가 바뀌었습니다. 그런데 이번에는 왕조만 바뀌는 것이 아니라 아예 나라 자체가 멸망할 것이라는 예언을 주셨습니다. 물론 당장 북이스라엘이 멸망을 당하는 것은 아니고 몇 년, 몇 명의 왕들이 더 존재하겠지만 이미 국가의 운명을 정하셨습니다. 더 이상 존재한다고 해도 하나님의 백성으로 돌이킬 수 없는 상황이 되었기 때문입니다.

하나님께서 그 나라와 사회를 존속케 하시는 것은 하나님의 뜻이 이루어질 가능성을 가지고 계시기 때문입니다. 그러나 어느 정점이 되면 아무리 많은 시간을 존속케 한다고 하더라도 도무지 하나님의 뜻으로 돌이킬 수 없게 됩니다. 그 때에는 하나님의 심판이 있게 되며, 멸망을 당하게 됩니다. 소돔과 고모라가 의인 열 명이 없어서 멸망을 당했다는 사실은 그 곳에 거룩함을 이루어 낼 공동체가 존재하지 않기에 더 존속한다 하더라도 죄만을 더욱 양산하기 때문이었습니다.

지금 북이스라엘도 마찬가지의 시점에 도달했습니다. 하나님에 대한 왕들의 오랜 반역과 이에 따른 국가 전체의 타락이 도무지 하나님 나라로서의 돌이킴을 소망할 수 없는 상황이 되었기 때문에 멸망이 확정되었습니다. 이것을 생각할 때에 우리 공동체가 하나님께서 이 사회를 멸망시키지 않으시는 마지막 보루일지 모른다는 각오로 거룩하게 서 나가는데 노력해야 합니다.


호1:6고멜이 또 잉태하여 딸을 낳으매 여호와께서 호세아에게 이르시되 그 이름을 로루하마라 하라 내가 다시는 이스라엘 족속을 긍휼히 여겨서 사하지 않을 것임이니라

호1:8고멜이 로루하마를 젖 뗀 후에 또 잉태하여 아들을 낳으매 9여호와께서 이르시되 그 이름을 로암미라 하라 너희는 내 백성이 아니요 나는 너희 하나님이 되지 아니할 것임이니라

루하마란 '예뻐함을 받다'입니다. 그런데 '로'가 붙으면 부정문이 됩니다. 그래서 결국 예쁨을 받지 못한다는 듯입니다. 또 '암미'란 '내 백성이다'라는 뜻인데, '로'가 붙어서 '내 백성이 아니다'라는 뜻이 됩니다. 여기서의 하나님의 말씀은 아주 단정적입니다. '너희는 망할 것이다. 내가 다시는 긍휼히 여기지도 않을 것이며, 너희는 내 백성도 아니다.'

왜 이렇게 무섭게 말씀하십니까? 그 이유가 호세아 11:1-2에 나옵니다.

호11:1이스라엘의 어렸을 때에 내가 사랑하여 내 아들을 애굽에서 불러내었거늘 2선지자들이 저희를 부를수록 저희가 점점 멀리하고 바알들에게 제사하며 아로새긴 우상 앞에서 분향 하였느니라

1절은 출애굽 사건을 이야기합니다. 하나님께서 출애굽 시키심으로 하나님의 백성으로 삼으셨음에도 불구하고 이들이 계속해서 우상을 숭배하고 있습니다. 마치 고멜이 호세아의 아내가 되었음에도 음란하여 다른 남자에게 갔던 것과 같습니다. 그래서 다음 같이 하시겠답니다. 호세아 11:5-6입니다.

호11:5저희가 애굽 땅으로 다시 가지 못하겠거늘 내게 돌아오기를 싫어하니 앗수르 사람이 그 임금이 될 것이라 6칼이 저희의 성읍들을 치며 빗장을 깨뜨려 없이 하리니 이는 저희의 계책을 인함이니라.

하나님께서 앗수르로 하여금 이스라엘을 치게 하여 하나님께 불순종하고 우상숭배한 자들을 벌하실 것임을 말씀해 주고 계십니다.

## 부모의 심정이 아니면 이해할 수 없다.

---

그런데 8절부터 갑자기 하나님의 말씀이 달라집니다.

호11:8에브라임이여 내가 어찌 너를 놓겠느냐 이스라엘이여 내가 어찌 너를 버리겠느냐 내가 어찌 너를 아드마 같이 놓겠느냐, 어찌 너를 스보임 같이 두겠느냐 내 마음이 내 속에서 돌아서 나의 긍휼이 온전히 불붙듯 하도다.

에브라임은 이스라엘의 다른 이름이라고 설명 드렸습니다. 여기 나오는 아드마와 스보임은 소돔과 고모라의 멸망과 연관된 심판을 받은 도시로 알려진 곳입니다. 어떻게 소돔과 고모라가 망하는 것과 같이 너희를 멸망시켜 지면에서 완전히 사라지게 하겠느냐, 그럴 수는 없다는 말씀입니다. 계속 심판이 선언되다가 이렇게 갑작스러운 회복과 구원의 말씀이 나오는 것을 보면서 어리둥절할 수밖에 없습니다. 도무지 문맥과 논리가 맞지 않는다고 생각하기 쉽습니다.

그 이유는 하나님께서 부모의 마음을 가지고 계신 분임을 유념하지 않기 때문입니다. 부모가 자식을 사랑하는데 100% 논리적입니까? 도무지 논리적으로는, 인간적으로는 말도 안 되지만 부모와 자식 간에는 말이 되는 경우를 우리는 흔히 보게 됩니다. 이런 부모의 심정을 가져야 이 부분을 이해할 수 있습니다. 하나님의 이런 급작스런 태도 변화는 부모가 자식을 훈계하기 위해서 강하게 질책하고 매를 들다가 함께 울어버리는 모습입니다.

**호11:1이스라엘의 어렸을 때에 <u>내가 사랑하여 내 아들을 애굽에서 불러내었거늘</u>**

이러한 심정을 다 담아서 함축하고 있는 것이 바로 이 구절입니다. 이것이 바로 마태가 인용하고 있는 호세아서 11:1입니다. 이러한 맥락 속에서 이 인용문을 이해하지 않고서는 마태복음을 온전히 이해할 수 없습니다. 그래서 다음과 같이 약속해 주셨습니다.

**호11:9내가 나의 맹렬한 진노를 발하지 아니하며 내가 다시는 에브라임을 멸하지 아니하리니 이는 내가 사람이 아니요 하나님임이라 나는 네 가운데 거하는 거룩한 자니 진노함으로 네게 임하지 아니하리라 10저희가 사자처럼 소리를 발하시는 여호와를 좇을 것이라 여호와께서 소리를 발하시면 자손들이 서편에서부터 떨며 오되 11저희가 애굽에서부터 새같이, 앗수르에서부터 비둘기 같이 떨며 오리니 내가 저희로 각 집에 머물게 하리라 나 여호와의 말 이니라**

다시 이번 같이 멸망시키지 않고 오히려 함께 계시겠답니다. 임마누엘하시겠다고 약속해 주셨습니다. 이렇게 임마누엘하시는 날에는 이제 당신의 백성들을 모으실 것입니다. '새같이', '비둘기같이'는 신속히 돌아올 것에 대한 표현입니다. 애굽에서부터 오고, 앗수르에서부터 온다는 것은 그들이 자신의 죄로 인해 붙잡혀 가게 되었던 종의 자리에서부터 돌아오는 제2의 출애굽을 의미합니다. 새로운 이스라엘, 하나님의 백성이 나타나게 될 것이라는 말씀입니다. 이것이 바로 호세아가 진정으로 예언하는 바입니다. 마태는 이처럼 제2의 출애굽 사건을 이끄실 분이 바로 예수 그리스도이심을 분명히 확인시키기 위해서 호세아 11:1을 인용하고 있는 것입니다.

## 기회를 악용하는 우리들

여기서 우리가 좀 더 주의 깊게 생각해 봐야 할 것이 있습니다. 하나님께서 호세아에게 하나님의 오래 참으심과 심판과 회복을 그냥 서서 선포하라고 하지 않고, 왜 실제로 고멜과 혼인하게 하셨을까? 왜 부정하고 음행한 여인인 고멜과 혼인을 하라하시고, 그 여인의 부정을 보고, 부정한 자녀들을 낳고, 노예 시장에 팔린 고멜을 다시 사 와서 같이 살라고 하셨겠습니까? 왜 이걸 실제로 하라고 하셨을까요?

바로 호세아의 심정을 하나님의 심정과 같게 하신 것입니다. 선지자가 그냥 그렇게 고도하게 서서 외치는 것으로는 하나님의 심정이 다 전달되지 않기 때문입니다. 하나님께서 가지신 사랑과 배신감과 분노와 그럼에도 불구하고 완전히 버릴 수 없는 안타까운 심정을 온전히 느껴서 그 심정을 가지고 이스라엘에 호소하도록 하신 것입니다. 그렇게 해서라도 당신의 백성들이 하나님의 애끓는 심정을 알고 돌이키기를 원하신 것입니다.

하나님께서는 무슨 불변의 법칙이 아니십니다. 냉혹한 심판자도 아니십니다. 그것은 하나님의 사랑 밖에 있는 존재들이 두려워하면서 가지는 시각입니다. 그리스도인인 우리에게는 하나님께 대해서 인격자이신 분임을 기억하는 것이 중요합니다. 고도한 인격자이신 분께서 나를 향하여 인격적인 사랑을 가지고 계시다는 사실로부터 모든 사유를 시작해야 합니다.

그 고도한 인격자의 사랑의 비유로 쓰이는 것이 바로 부모의 심정입니다. 강하고 담대하게 키우기 위하여 힘들고 위험한 곳에라도 보내는 것입니다. 또한 한 없이 자녀를 사랑하지만, 바른 양육을 위해서 때로 돌아서서 울더라도 눈앞에서 무섭게 매를 들고 치는 것이 참 아버지요, 참부모입니다. 이런 육신의 부모보다도 훨씬 더 우리를 향한 부모의 심정을 가지고 계시는 것이 바로 하나님이십니다. 육신의 부모가 보여주는 사랑도 바로 이 하나님의 사랑으로부터 부여된 것에 불과합니다.

그렇기에 우리를 자녀로 사랑하시는 고도한 인격자이신 하나님에 대한 이해가 없으면 신앙은 무미건조해지고, 율법주의가 되고, 공로주의가 되고, 자신의 우월함을 증명하는 싸움이 되고 마는 것입니다. 이래서는 호세아 선지자를 통하여 주시는 메시지를 도저히 이해할 수 없게 됩니다. 하나님께서 부르고 또 부르시고, 다시 회개할 수 있도록 늘 기회를 주시고, 은혜를 주셨음에도 불구하고 이스라엘은 멸망의 길을 걸었습니다. 이스라엘의 멸망은 하나님의 은혜가 부족해서가 아니었습니다. 하나님께서 오래 참아주시고, 여러 번의 기회를 주셨음에도 이스라엘 왕들과 백성들은 이렇게 하나님께서 주신 기회들을 이용하여 오히려 하나님을 거스르며, 반역하는 길로 나갔습니다. 호세아 2:8을 보십시오.

호2:8곡식과 새 포도주와 기름은 내가 저에게 준 것이요 저희가 바알을 위하여 쓴 은과 금도 내가 저에게 더하여 준 것이어늘 저가 알지 못하도다.

이것이 바로 우리입니다. 하나님을 거스르면서 살아가는 세월이 모두 하나님께서 우리에게 은혜로 주신 귀한 시간들입니다. 예전에 하나님을 모르고 우상을 숭배하는데 썼던 돈과 힘도 다 하나님께서 은혜로 주신 것들입니다. 지금도 하나님 백성으로 살아갈 수 있도록 주신 삶과 은혜를 우리는 자신을 위해서 허비하며 살아가고 있습니다. 하나님께서 우리를 오늘까지 멸망케 하지 않으신 것은 오직 돌이킬 기회와 시간을 주시기 위함입니다. 속히 돌이켜야 합니다. 하나님께서 은혜로 허락하신 것들을 죄의 도구로 사용해서는 안 됩니다.

하나님을 인격적으로 만나고 사랑하는 자들을 만드시며, 인도하시기 위하여 예수 그리스도께서는 제2의 출애굽을 이끄십니다. 우리를 잡고 있는 죄의 애굽, 돈의 애굽, 권력의 애굽에서 우리를 이끌어 내서 우리로 하여금 참 자유케 해주십니다. 이와 같은 권세들은 오늘까지 우리를 위협하고 있으나 우리는 이미 홍해를 건너 온 자들입니다. 더 이상 죄와 돈과 권력의 애굽이 우리를 어찌할 수 없습니다. 그렇기에 우리는 예수 그리스도를 믿고 하나님 나라 백성으로 사는 일에 실패치 않을 것입니다.

# 제 **8** 장

헤롯은 왜 어린아이를 다 죽여야 했을까?

**마태복음 2장 16-18절**

●● ¹⁶이에 헤롯이 박사들에게 속은 줄을 알고 심히 노하여 사람을 보내어 베들레헴과 그 모든 지경 안에 있는 사내아이를 박사들에게 자세히 알아본 그때를 표준하여 두 살부터 그 아래로 다 죽이니 ¹⁷이에 선지자 예레미야로 말씀하신 바 ¹⁸라마에서 슬퍼하며 크게 통곡하는 소리가 들리니 라헬이 그 자식을 위하여 애곡하는 것이라 그가 자식이 없으므로 위로받기를 거절 하였도다 함이 이루어졌느니라. ●●

okτώ

　하나님께서는 이스라엘 민족을 아들로 사랑하여서 애굽에서 불러 내셨습니다. 그런데도 이스라엘 민족은 하나님을 버리고 우상들에게 빠르게 달려갔습니다. 이것을 하나님께서는 음행이라고 지적하시며 호세아 선지자에게 하나님의 심정을 이해할 수 있도록 음란한 여인 고멜과 결혼하도록 하셨습니다. 이 음란한 여인 고멜은 자식들을 낳고 나서 남편과 자녀를 버려두고 다른 남자에게 가서 행음하는 가운데 살게 됩니다. 그런데 그 남자가 고멜을 노예로 팔아버려서 참으로 비참한 가운데 처하게 됩니다. 이런 고멜을 바라보며 호세아 선지자는 하나님의 이스라엘에 대한 사랑에 대한 깊은 이해를 가지고 선지자 활동을 했습니다. 호세아의 심정이 곧 하나님의 심정입니다.

## 분노하는 헤롯, 유아들을 학살하다.

본문은 드디어 전쟁이 시작되는 장면이라 할 수 있습니다. 헤롯은 박사들에게 속은 것에 광기어린 분노를 느낍니다. 그도 그럴 것이 이들은 동방 어느 나라의 박사들이었을 것이고, 아마도 당당히 왕궁에 찾아갈 수 있을 만큼 헤롯으로서는 만만히 대할 수 없는 나라의 외교 사절단이었을 것으로 짐작할 수 있습니다. 만일 이름 모를 나라의 별 볼일 없는 사람들이었다면 반역의 무리와 한 통속으로 처리하여 고문을 해서라도 새로운 왕에 대한 정보를 캐내었을 것입니다. 그런데 헤롯이 그 성질대로 하지 못하고 그저 조용히 불러 자세히 묻고 새로운 왕에 대한 발톱을 감추고 있습니다.

박사들에게 요청하고 기다리던 헤롯은 박사들이 자신의 요청을 거절하고 다른 길로 고국에 돌아갔다는 소식을 듣자 참고 있던 분노를 폭발 시킵니다. 그래서 아주 끔찍한 일을 벌입니다. 베들레헴 지경 안에 있는 어린 아이들을 살해하게 됩니다. 아주 많은 숫자는 아니고 한 10여명 정도로 추정됩니다. 고대 왕정 시대에 반역의 무리를 제거하려는 왕의 입장에서는 그리 큰 일이 아닐 수도 있으며, 오히려 당연한 조치로 보입니다.

더욱이 헤롯의 입장에서 이 일은 심각하게 반응을 보일 수밖에 없는 이유가 있습니다. 그것은 헤롯이 이스라엘 민족이 아니라 이방사람이기 때문입니다. 이스라엘의 왕은 이스라엘 사람이어야 했습니다. 선민사상으로 가득 찬 이스라엘 사람들을 이방인 헤롯이 다스린다는 것은 참으로 어려운 일이었습니다. 그런데 그런 와

중에 성경에 예언된 새로운 왕이 나타났다는 이야기는 그로 하여금 초긴장 상태로 만들기에 충분한 일이었습니다. 아마도 수십 명이 아니라 수백 명이라 해도 동일하게 했을 것입니다.

이러한 헤롯의 분노로 인하여 베들레헴 지경은 쑥대밭이 되었습니다. 여기서 2세 이하의 어린아이들을 죽인 것은 박사들이 자신들의 나라에서 별을 보고 떠난 때를 기준으로 여유 있게 잡은 것입니다(마2:7). 그러므로 이 동방의 박사들은 좀 먼 거리에 있는 나라로부터 왔다고 추정할 수 있습니다. 이 일로 인하여서 자식을 잃게 된 부모들은 얼마나 고통스럽고, 슬프겠습니까? 이들의 심경은 너무도 고통스럽기에 어떤 말로도 위로를 받을 수 없습니다.


## 선지자 예레미야의 메시지

이런 상황을 묘사하면서 또한 그 의미를 가르쳐주기 위해 마태는 또 하나의 인용문을 선보이고 있습니다. 마태복음 2:18과 예레미야 31:15입니다.

마2:18**라마에서 슬퍼하며 크게 통곡하는 소리가 들리니 라헬이 그 자식을 위하여 애곡하는 것이라 그가 자식이 없으므로 위로 받기를 거절 하였도다** 함이 이루어졌느니라.

렘31:15나 여호와가 이같이 말하노라 라마에서 슬퍼하며 통곡하는 소리가 들리니 라헬이 그 자식을 위하여 애곡하는 것이라 그가 자식이 없으므로 위로받기를 거절 하는도다.

예레미야는 B.C. 627-580년 사이에 활동한 선지자로 스바냐, 하박국, 다니엘, 에스겔 등과 동시대에 일한 사람입니다. 예레미야는 눈물의 선지자라는 별칭이 붙을 만큼 많이 울었습니다. 이유는 남왕조 유다에서 활동하면서 유다의 멸망을 예언하고 항복을 권면하여야 하는 자신의 예언 내용 때문이었습니다. 그런 그의 메시지로 인하여 동족들에게 매국노라고 심하게 박해를 받았던 선지자입니다.

그리고 라헬은 야곱의 둘째 부인이지만, 야곱이 가장 사랑한 아내였습니다. 야곱의 다른 이름이 이스라엘이지 않습니까? 이스라엘 민족이란 이스라엘이라고 불리게 된 야곱의 후손들임을 의미합니다. 그러니 라헬은 쉽게 이야기해서 국모라고 할 수 있습니다. 민족의 어머니인 라헬이 바벨론을 끌려가는 자신의 자손들을 보면서 슬피 운다는 말입니다. 라헬이 라마에서 슬피 울었다는 것은 라마가 라헬의 무덤이 있는 곳이며, 또한 이곳이 바벨론 포로의 집결지였기 때문입니다. 우리식으로 말하자면 한국전쟁 때에 북으로 끌려가던 '한 많은 미아리 고개' 정도가 되지 않을까요!

## 예레미야 31장 전체의 메시지

이미 말씀드렸기 때문에 마태가 예레미야 31:15 한 절만을 인용한 것이 아님을 아실 것입니다. 인용된 예레미야 31:15만 보아서는 참 비극적인 이야기입니다. 모두 끌려가고 망할 것이란 예언으로만 들립니다. 하지만 마태는 예레미야가 선포한 메시지 전체를 함축해서 인용하고 있기에 제대로 이해하기 위해서는 전체적인 그림 속에서 보아야 합니다. 전체적인 이해를 위해서는 예레미야 31장을 좀 더 상세히 살펴볼 필요가 있습니다. 이어지는 예레미야 31:16-17을 보십시오.

렘31:16**나 여호와가 이같이 말하노라 네 소리를 금하여 울지 말며 네 눈을 금하여 눈물을 흘리지 말라 네 일에 갚음을 받을 것인즉 그들이 그 대적의 땅에서 돌아오리라 여호와의 말이니라. 17나 여호와가 말하노라 너의 최후에 소망이 있을 것이라 너의 자녀가 자기들의 경내로 돌아오리라**

'울지 마라. 네 눈물을 닦아 주겠다. 내가 너의 자녀들을 돌아오게 하겠다.'라고 하십니다. 지금 멸망을 당하여도 다시 회복해 주실 것을 약속해 주시고 있습니다. 참으로 은혜로운 말씀입니다. 하지만 이미 앞의 인용구들에서도 이와 같은 메시지는 다 확인했습니다. 이것만으로는 별로 새로울 것이 없습니다. 그렇지만 여기에 새로운 계시의 진전이 있습니다. 그것이 무엇인지 확인해 보겠습니다. 사실 예레미야 31장은 굉장히 유명한 장입니다. 그 이유는 31절에 기록된 새 언약에 대한 내용 때문입니다.

렘31:31**나 여호와가 말하노라 보라 날이 이르리니 내가 이스라**

엘 집과 유다 집에 새 언약을 세우리라 [32]나 여호와가 말하노라 이 언약은 내가 그들의 열조의 손을 잡고 애굽 땅에서 인도하여 내던 날에 세운 것과 같지 아니할 것은 내가 그들의 남편이 되었어도 그들이 내 언약을 파하였음이니라.

하나님께서는 새 언약을 세워 주시겠다고 약속하십니다. 새 언약이라고 하는 이유는 이미 옛 언약이 있었기 때문입니다. 옛 언약이란 애굽에서 구원하여 내시며 주셨던 언약입니다. 부부 관계로 비유하실 만큼 긴밀하고 깊은 관계와 사랑을 가지고 이스라엘 민족을 하나님 백성으로 만드셨습니다. 그럼에도 불구하고 이스라엘 민족이 남편 되시는 하나님을 배반하고 호세아의 부인 고멜과 같이 다른 신들에게 가서 음행을 저지르며, 하나님과의 혼인 관계를 파기했습니다. 그렇기에 이제 더 이상 이들은 하나님의 아내, 하나님의 백성으로 존재할 수 없게 되었습니다.

이스라엘이라는 나라를 세우신 이유 자체가 하나님의 백성을 만들기 위한 것이었기에 더 이상 하나님 백성으로 존재하지 못한다면 당연히 멸망을 당해야 합니다. 그럼에도 불구하고 하나님께서는 이들을 완전히 버리지 않으십니다. 하지만 언약은 법이고 법을 어긴 이들을 그냥 내버려둘 수는 없습니다. 즉, 옛 언약으로는 멸망을 당할 수밖에 없습니다. 그래서 옛 언약 말고 새로운 언약을 맺어주십니다.

## 옛 언약과 새 언약, 무엇이 다른가?

그런데 옛 언약에서 새 언약으로 바뀌었다고 해서 완전히 새로운 언약이 체결된 것은 아닙니다. 옛 언약과 새 언약의 내용은 동일합니다. 옛 언약과 새 언약 모두 동일하게 하나님의 백성을 만드시겠다는 약속입니다. 내용으로는 전혀 새로울 것이 없습니다. 그렇다면 새 언약은 무엇이 새롭기 때문에 새 언약이겠습니까? 바로 언약을 이루는 방법이 바뀐다는 말씀입니다.

옛 언약에서는 이스라엘 백성들을 하나님의 백성으로 만드시기 위해 하나님께서 남편이 되어 친히 손을 잡고 이끌어 가시는 방법을 사용하셨습니다. 그런데 문제는 이스라엘 백성들이 호세아의 부인 고멜처럼 본질상 음란하여서 속이 썩어 있기에 배신하더란 말입니다. 이들은 옛 언약의 방법을 가지고는 도무지 하나님 나라 백성이 될 수 없다는 것이 명백하게 드러났습니다. 그래서 하나님께서는 그 방법을 바꾸셨습니다. 어떻게 바꾸셨는지 보겠습니다.

렘31:33나 여호와가 말하노라 그러나 그날 후에 내가 이스라엘 집에 세울 언약은 이러하니 곧 내가 나의 법을 그들의 속에 두며 그 마음에 기록하여 나는 그들의 하나님이 되고 그들은 내 백성이 될 것이라

손을 잡아끌고 갔더니 손을 자르고 도망가서라도 음행을 하였기에 아예 그 마음 판을 바꾸기로 하셨습니다. 하나님께서 하나

님의 법을 그들의 마음에 기록해서 지울 수 없게 하시겠답니다. 이제 하나님을 떠나서 뭘 좀 하려고 하면 마음에 새겨진 법이 도저히 용납하지 않아서 괴롭게 되는 것입니다. 이전에는 신나고 즐겁던 일들이 오히려 괴로움을 더하게 되도록 만들어서 스스로 죄악 된 생활을 버리고 하나님 백성으로 살도록 하시겠다는 말씀입니다.

## 죄의 세력은 여전히 우리를 잡고 놓지 않으려 한다.

마태는 이 이야기를 하기 위해 예레미야를 인용하고 있는 것입니다. 마태복음에 나타나는 유아 학살 사건은 참으로 비통한 일입니다. 세상 나라가 하나님의 나라 백성들을 공격하고 학살하고 있습니다. 그 비통함과 동일하게 비통했던 장면이 바로 예레미야 31장이 말하고 있는바 포로로 끌려가는 장면입니다. 도저히 받아들일 수 없어서 위로 받을 수 없을 만큼 큰 고통과 슬픔과 죽음이 있습니다. 세상 나라는 하나님의 백성들을 종으로 끌고 가며, 어린 아이까지라도 죽일 만큼 잔인하고 포악합니다. 세상은 늘 하나님의 백성들에게 그렇게 해왔습니다. 그렇기에 항상 애통함이 있습니다. 어떤 것도 위로가 되지 못합니다.

그러나 그것으로 끝이 아니더란 말입니다. 이제는 완전히 세상 나라의 종이 되어 죽을 수밖에 없으며, 그런 상황이라는 것이 도저히 어떻게 바뀔 수 없을 것 같아서 어떤 것도 위로가 될 수 없고, 눈물을 거두어 줄 수 없을 것 같았습니다. 희망이라고는 찾을 수 없을 만큼 철저히 멸망을 받은 것입니다. 그런데 하나님께서 눈물을 거두어 더 이상 울지 않도록 구원해 주시겠다는 약속을 주셨으며, 새로운 언약을 주셨습니다. 그리고 이 약속들은 예수 그리스도를 통해 이루어졌으며 오늘 우리에게까지 그 공로가 효력을 발생하고 있습니다. 이 사실을 전달하기 위하여 마태는 예레미야를, 예레미야서에서 가장 고통스럽고 슬픈 장면을 인용한 것입니다. 가장 절망스러운 가운데 선포된 구원과 소망의 메시지가 바로 예수 그리스도를 통해서 우리에게 임했다고 말하고 싶은 것입니다.

우리는 예수님을 믿고 그리스도인이 되었다고 하여도 여전히 죄의 세력에 눌려서 옛사람의 구습을 좇아 악한 행위를 하게 됩니다. 아무리 마음을 단단히 먹고 다짐을 한다고 하더라도 또다시 부끄럽게 죄를 향해 달려가고 있는 자신을 발견하곤 합니다. 아니 자기 자신은 분명히 선을 행하고, 의를 행한다고 생각하며 시작한 일도 불의한 일이 되거나 악에 도움을 주거나 악의 열매를 맺어 그 과실을 먹으면서 좋아하고 있는 경우도 있습니다. 사실은 자신의 공로와 자존심, 이익을 위해 하는 일도 마치 주께 충성하기 위한 노력인 것처럼 꾸미고, 자기 자신까지도 속이려 한 적도 많습니다. 이처럼 우리는 구원을 얻어 죄의 노예로부터 벗어났다고 하더라도 자유를 누리지 못하고 죄인의 속성을 보이면서 끌려 들어갑니다.

하나님께서는 이것을 그냥 내버려두지 않으시고 눈물을 흘리십니다. 구원을 우리에게 맡겨두셨다면 아마 순식간에 끌려 들어갔을 것이며, 통한의 눈물을 거둘 수 없었을 것입니다. 그러나 주께서는 구원에 대하여 전적인 주권을 가지셨으며, 성도들을 놓지 않고 끝까지 견인하십니다. 아예 우리의 운명을 확고히 정하시고, 강력한 손길로 붙잡고 나가십니다. 새 언약을 이렇게 시행하고 계시는 것입니다. 우리의 못남, 부족함, 죄 됨을 생각할 때 눈물이 나지만, 예수 그리스도께서 이렇게 열심을 다하신다는 것을 생각할 때 한없는 위로를 얻게 됩니다. 나의 삶과 구원에 대해 온전히 다 주께 맡겨진 것에 크게 감사하며 확신 속에 평안을 누리게 됩니다.

# 제**9**장

예언에는 없다 – 나사렛 사람

## 마태복음 2장 19-23절

● ● ¹⁹혜롯이 죽은 후에 주의 사자가 애굽에서 요셉에게 현몽하여 가로되 ²⁰일어나 아기와 그 모친을 데리고 이스라엘 땅으로 가라 아기의 목숨을 찾던 자들이 죽었느니라 하시니 ²¹요셉이 일어나 아기와 그 모친을 데리고 이스라엘 땅으로 들어오니라 ²²그러나 아켈라오가 그 부친 혜롯을 이어 유대의 임금됨을 듣고 거기로 가기를 무서워하더니 꿈에 지시하심을 받아 갈릴리 지방으로 떠나가 ²³나사렛이란 동네에 와서 사니 이는 선지자로 하신 말씀에 나사렛 사람이라 칭하리라 하심을 이루려 함 이러라 ● ●

εννέα

하나님께서 옛 언약을 통해서 이스라엘 백성들에게 남편이 되어 손을 잡고 이끌어 주셨습니다. 그런데도 이스라엘 백성들은 그 손을 뿌리치고 우상 숭배를 하는 음란을 행했습니다. 그리하여 하나님과 이스라엘 사이의 혼인 관계가 파기 되었고, 그런 이스라엘은 더 이상 약속의 가나안 땅에 기거할 수가 없게 되었습니다. 멸망과 흩어짐을 당하였습니다.

그러나 모든 것이 완전히 끝나지 않고 회복되는 날을 약속해 주셨습니다. 이를 위하여 하나님께서 새 언약을 세우셨습니다. 새 언약이라고 하니까 옛 언약과 내용이 다를 것이라고 생각하기 쉬운데, 새 언약과 옛 언약은 '내가 너희 하나님이 되고 너희는 내 백성이 될 것이다'라는 동일한 내용을 담고 있습니다. 옛 언약과 새 언약은 내용이 아니라 이 일을 이루는 방식이 다른 것입니다.

옛 언약 하에서는 하나님께서 남편이 되어 그들의 삶을 책임지셨음에도 불구하고 혼인의 관계를 파기했기 때문에 이제는 아예 그 마음 판에 하나님의 법을 새기시겠다는 것이 새 언약입니다. 즉, 옛 언약 하에서 인간은 땅과 물질과 환경을 주셨는데도 하나님을 믿지 않고 다른 우상을 섬김으로써 자신들 속이 썩었다는 것을 스스로 드러냈습니다. 그래서 새 언약은 그 썩은 속을 파내고 새로운 마음을 심으셔서라도 하나님의 백성을 만들고야 말겠다는 하나님의 열심입니다.

그리고 이 일을 이루실 분이 바로 예수 그리스도십니다. 예수 그리스도를 통해 우리는 새로운 마음을 받습니다. 예수를 믿기 전에도 죄를 지었지만 믿고 난 다음에도 여전히 죄를 짓고 있긴 합니다. 그러나 달라진 것이 무엇이죠? 여러분의 마음입니다. 여러분의 마음이 죄를 미워하게 되고, 죄를 두려워하게 되었으며, 여전히 죄를 짓고 있는 자신에 대해서 큰 고통을 느끼게 되지 않았습니까? 예전에는 하나님께 예배를 해야 한다는 사실도 몰랐습니다. 그러나 이제는 하나님께 예배해야 한다는 것을 깨닫게 되었습니다. 이런 것이 예수 그리스도를 통하여 새 언약 가운데서 새 마음을 받았다는 사실을 확인시켜 주는 것이며, 우리가 구원을 얻었다는 분명한 사실 증명이 됩니다.

## 구약에 나오지 않는 '나사렛'

본문은 애굽으로 피난을 가셨던 예수님께서 피난을 마치시고 돌아오시는 장면에 대한 기록입니다. 헤롯 대왕은 박사들에게 속은 것을 알고 직접 새로 태어난 왕을 제거하기 위하여 베들레헴 근방에 있는 아이들을 죽이는 끔찍한 일을 벌입니다. 그러나 예수님은 애굽으로 피난 가셨다가 헤롯이 죽자 천사의 지시에 따라 이스라엘 땅으로 돌아와서 나사렛이라는 동네에서 유년 시절을 보내셨습니다. 이 사건에 대해서 마태는 인용문을 통하여 주석을 해주고 있습니다. 마 2:23입니다.

**마2:23이는 선지자로 하신 말씀에 나사렛 사람이라 칭하리라 하심을 이루려 함 이러라.**

그런데 이 인용문은 우리 모두를 참으로 당혹스럽게 만듭니다. 마태는 분명히 "선지자로 하신 말씀"이라고 했습니다만, 문제는 구약에는 이런 말을 한 선지자가 없습니다. 그 뿐 아니라 더 정확히 말하자면 '나사렛'이라는 동네 이름이 구약 성경에 한 번도 나온 적이 없습니다. 그런데도 마태는 아주 버젓이 이것이 선지자로 하신 말씀이라고 주장합니다.

그렇기에 이 인용문을 보고 난감하지 않을 수 없습니다. 그렇다고 성경이 틀렸다고 해야 합니까? 또 마태 사도가 잘못 알았다고 생각해야 합니까? 그것은 성경을 하나님 말씀으로 믿는 자의 태도가 아닙니다. 그렇다고 '뭘 따져, 그냥 확 믿어'라고 믿는척해서도 안 됩니다. 이것은 오히려 진짜로 하나님 말씀이 틀렸으면 어떻게 하나 하는 불신적인 습성에서 나올 가능성이 높습니다. 이해하기 어려운 부분이라도 최선을 다하여 깨닫기 위하여 노력해야합니다. 그럼 이 말씀은 도대체 어떻게 된 것일까요? 이 말씀이 무슨 의미이겠습니까?

## 나사렛 찾기에 대한 힌트

이렇게 어려울수록 먼저 본문을 좀 더 열심히 쳐다보는 수밖에 없습니다. 일단 한글 개역성경에는 '선지자', 이렇게 씌어 있어서 단수로 보이는데, 원문은 '선지자들'인 복수로 씌었습니다. 그럼 나사렛 사람이라 칭할 것이라는 예언을 한 사람이 한 것이 아니라, 여러 사람이 했다는 이야깁니다. 여러 선지자들이 나사렛 사람이라 칭함을 받을 것을 예언했다는 것입니다. 나사렛이란 이름조차 나오지 않는데 여러 선지자들이 그렇게 예언했다니 더욱 당혹스러워집니다.

이에 대한 힌트를 요한복음 1장에 빌립과 나다니엘의 대화에서 얻을 수 있습니다. 빌립이 예수님을 만나고 와서 친구 나다니엘에게 나사렛 예수라는 메시야를 만났다고 하자 나다니엘이 대뜸 이렇게 말합니다.

요1:46**나사렛에서 무슨 선한 것이 날 수 있느냐**

나사렛이란 그런 동네입니다. 변방 골짜기에 있는 촌구석입니다. 우리나라 실정으로 설명해 보면 좀 더 이해가 빠를 수 있는

데, 특정 지역 분들은 양해를 해주십시오. 우리나라에서 그래도 정치적으로 좀 성공하려면 일단 아직까지는 경상도나 전라도에서 태어나야 합니다. 그러면 대통령까지 바라볼 수 있습니다. 되느냐 안 되느냐는 둘째 문제라도 말입니다. 대통령까지는 아니더라도 정치적으로 영향력 있는 사람이 되려면 경기도 정도에서는 태어나줘야 이야기가 됩니다. 정 못하면 충청도는 되어야 중요한 역할을 맡아서 주목을 좀 받습니다.

그런데 강원도에서 태어나서야 정치적으로는 '꽝'인겁니다. 제일 높이 바라볼 수 있는 것이 도지사나 지역구 국회의원 정도입니다. 바로 이 이야기입니다. 나사렛이란 지금 우리나라로 따지자면 강원도 인제, 원통 정도 됩니다. 보통 우린 이런 사람들을 '감자 바우', 이렇게 부릅니다.


## 나사렛, 여기 있었네!

나사렛은 정치적, 군사적, 경제적, 그리고 종교적으로 한 번도 주목받지 못한 변방입니다. 그래서 그 긴 구약에서 한 번도 거론조차 되지 않았습니다. 여기서 태어나서는 정치적으로 대성하긴 애초에 그른 것입니다. 그런데 마태는 무슨 마음으로 있지도 않은 예언을 버젓이 인용하고 있을까요? 이것을 이해하기 위하여 대표적인 메시야 구절인 이사야 53:1-3을 읽어보겠습니다.

**사53:1우리의 전한 것을 누가 믿었느뇨, 여호와의 팔이 뉘게 나**

타났느뇨 ²그는 주 앞에서 자라나기를 연한 순 같고 마른 땅에서 나온 줄기 같아서 고운 모양도 없고 풍채도 없은즉 우리의 보기에 흠모할 만한 아름다운 것이 없도다. ³그는 멸시를 받아서 사람에게 싫어버린 바 되었으며 간고를 많이 겪었으며 질고를 아는 자라 마치 사람들에게 얼굴을 가리우고 보지 않음을 받는 자 같아서 멸시를 당하였고 우리도 그를 귀히 여기지 아니하였도다.

바로 이게 나사렛 사람이란 표현입니다. 예수님께서 못생기셨다는 이야기를 하는 것이 아닙니다. 관심을 가질 만한 인물이 아니시라는 것입니다. '설마, 저 사람이 메시야는 아니겠지'라고 여길만하게 오신다는 이야기입니다. 그리고 오셔서도 '메시야가 뭐 저래?'라고 멸시를 당할만한 모습을 보이신다는 말씀입니다.

그렇기에 아무도 생각할 수 없는, 구약이 지목하는 베들레헴과는 거리가 먼, 한 번도 구약의 주목을 받지 못했던 동네인 나사렛 사람이라고 칭함을 받는 것이 당연하다는 말입니다. 쉽게 이야기하자면, 나다니엘이 한 말은 '어떻게 개천에서 용이 나겠나?'라고 한 것입니다. 그런데 마태는 구약 성경에 보면 '개천에서 용이 난다'고 기록되어 있다고 주장하고 있는 것입니다.

## 나사렛은 피신처인가, 고향인가?

이보다 더 재미있는 것이 있습니다. 예수님께서 베들레헴에서 나셨음에도 불구하고 나사렛 사람이라고 칭함을 받게 된 이유에 대해 마태는 우연히 나사렛이라는 동네에 도착한 것처럼 기록하였습니다. 여러 가지 역경과 위험들을 피하는 과정 가운데서 흘러 들어간 것으로 돼 있습니다. 그러나 마태복음의 병행 본문인 누가복음에는 상당히 다르게 기록되어 있습니다. 누가복음 2:2-5입니다.

<sup>눅2:2</sup>이 호적은 구레뇨가 수리아 총독 되었을 때에 첫 번 한 것이라 ³모든 사람이 호적하러 각각 고향으로 돌아가매 ⁴요셉도 다윗의 집 족속인 고로 갈릴리 나사렛 동네에서 유대를 향하여 베들레헴이라 하는 다윗의 동네로 ⁵그 정혼한 마리아와 함께 호적하러 올라가니 마리아가 이미 잉태되었더라.

누가복음은 예수님의 아버지인 요셉의 본적지는 베들레헴이고, 지금 삶의 터전은 나사렛이라고 기록하고 있습니다. 요셉은 호적을 정리하라는 명령이 있어서 약혼자인 마리아와 함께 본적지인 베들레헴에 갔습니다. 거기서 일을 마치고 다시 살던 동네인 나사렛으로 돌아오는 것은 지극히 당연한 일입니다. 그런데 왜 마태복음은 예수님께서 우연히 나사렛이라는 생소한 동네에 가서 살게 된 것처럼 기록하고 있겠습니까? 둘 중에 어느 것이 맞겠습니까?

예, 둘 다 맞습니다. 어떻게 둘 다 맞느냐? 본문을 살펴보면 알 수 있습니다. 성경은 우리가 모순 되었다고 느끼는 부분에서 입체적으로 살아날 때가 많습니다.

## 이게 다 강남 좋아하는 부모들 때문이다.

먼저 이렇게 복잡하게 된 이유는 예수님의 부모, 즉 요셉 때문입니다. 본문에 보면 피난 갔다가 헤롯 대왕이 죽자 '주의 사자'가 요셉에게 나타나서 이스라엘 땅으로 가라는 지시를 합니다. 요셉은 이 말씀을 따라서 이스라엘 땅으로 돌아옵니다.

자, 그렇다면 요셉은 이제 어느 동네로 가겠습니까? 여러분이라면 어떻게 하시겠습니까? 베들레헴으로 가시겠습니까? 아니면 나사렛으로 가시겠습니까? 베들레헴은 그저 호적을 정리하러 온 동네입니다. 그러므로 삶의 터전이 있는 동네인 나사렛으로 가는 것이 맞지 않습니까? 그런데 요셉은 고향으로 돌아갈 생각을 하지 않습니다. 마태복음 2:22을 보십시오.

마2:22 그러나 아켈라오가 그 부친 헤롯을 이어 유대의 임금됨을 듣고 거기로 가기를 무서워하더니 꿈에 지시하심을 받아 갈릴리 지방으로 떠나가

이 구절을 이해하기 위해 잠깐 당시의 역사적인 정황을 알아야 합니다. 앞에서 이야기 된 헤롯 대왕은 로마를 등에 업고 이스라엘 전 지역을 점령하여 왕이 되었습니다. 그런데 헤롯의 사후에 로마 황제는 헤롯의 세 아들들에게 그 영토를 나누어 주었습니다. 본문에 나와 있는 아켈라오에게는 유대 지역을 할당해 주었고, 둘째 아들 헤롯 안디바에게는 갈릴리 지역과 베뢰아 지역을, 그리고 셋째 아들 헤롯 빌립에게는 갈릴리의 동쪽 지역을 주었습

니다.

　요셉은 지금 어디로 가려고 하고 있습니까? 유대 땅으로 가려고 하였습니다. 나사렛은 갈릴리 지역이지 유대 지역이 아닙니다. 그러므로 요셉은 지금 나사렛으로 가려고 했던 것이 아닙니다. 유대 땅으로 가려는데 아켈라오가 유대의 임금이 되어서 무서워했습니다. 이것은 아켈라오가 헤롯의 아들이기 때문에 무서워한 것이 아닙니다. 헤롯의 아들이기 때문에 무서워했다면 이스라엘 어느 지역도 무섭지 않은 곳이 없습니다. 요셉이 무서워한 이유는 아켈라오의 폭정 때문입니다. 아켈라오는 심한 폭정으로 인해 A.D. 6년에 왕위에서 쫓겨납니다.

　그렇게 무서워하면서 요셉은 왜, 유대로 가려고 했겠습니까? 삶의 터전을 버려두고 왜 낯선 곳으로 가려고 했겠습니까? 유대 지역에 베들레헴과 예루살렘이 있기 때문입니다. 베들레헴은 메시야 탄생이 예고된 지역이었습니다. 또한 예루살렘은 종교의 중심지였습니다. 그렇기에 예수님께서 나중에 메시야로 활동하시려면 종교, 정치, 경제, 문화의 중심지인 예루살렘이나, 예언적인 전통이 보장되는 베들레헴에 살아야 할 것이라고 생각했습니다.

　우리나라로 이야기 하자면 서울 강남에 살려고 한 것입니다. 거기서 전통과 실력을 가지고 주류 사회에 들어가서 그들과 지연과 학연으로 엮어서 메시야 활동을 좀 더 원활히 할 수 있게 하기 위한 요셉의 노력이었습니다.

　오늘 본문 바로 앞 마태복음 2:11에 보면 동방박사들이 '집'에 들어가서 예수님께 경배하는 장면이 나옵니다. 이것은 예수님께서 마구간에서 나셨다는 사실을 기억하면 재미있는 장면이 됩니다. 베들레헴에 집을 마련한 것입니다. 베들레헴에 눌러 앉아 살려고 했다는 추측이 가능합니다. 베들레헴에서 집을 얻어 살려고 하다가 헤롯이 죽이려고 쫓아와서 애굽으로 도망갔던 것입니다.

예수님의 공생애 동안에 예루살렘의 주류 사회를 형성했던 자들은 예수님과 그 제자들을 잘 인정하지 않습니다. 또한 베들레헴이 아니라 나사렛 사람이라는 것 때문에 메시야로서의 가능성 자체에 큰 시비가 걸렸습니다. 그런데도 하나님께서는 갈릴리로 가라고 하셨습니다. 이것에 대해 요셉은 도무지 이해할 수 없었던 것 같습니다. 그래서 갈릴리로 와서도 어찌하여야 할지 몰라서 우물쭈물하다가 다른 대안이 없어서 자신이 이전에 살던 동네로 돌아간 것입니다. 그래서 마태복음 본문에서 나사렛이라는 동네가 목표가 아니었고, 우연히 가게된 것이라는 뉘앙스를 받게 됩니다.

## 변두리, 예수 그리스도께서 성장하신 곳

예수님께서는 나사렛 사람이라 칭함을 받으셨습니다. 세상은 예수님을 메시야로, 구원자로 도무지 인정할 수 없었습니다. 예수님은 바리새인이나 사두개인들처럼 주류에 속하는 교육을 받으신 적이 없는 철저한 변두리인 이셨기 때문입니다. 또한 유대인이 가지고 있던 전통으로는 받아들일 수 없는 메시야였습니다.

왜 그러셨습니까? 예수님께서 구원하시려는 것이 이 세상의 가치가 아니기 때문이었습니다.

이 세상 주류와 전통이 보기에 예수님은 너무도 어이없어 보이기 때문에 인정하지 않으며 무시할 수밖에 없습니다. 하지만 우리는 당당히 대답해야 합니다. "내가 믿는 예수님은 나를 나의 죄에서 해방시키신 분이십니다. 그래서 나는 이제 의와 진리와 거룩함으로 지음 받은 새사람이 되었습니다. 나는 하나님을 알며, 오직 그분의 기뻐하심을 나의 소원으로 삼고 있습니다." 이 대답을 하지 못한다면 아직도 예수를 믿는 것이 무엇인지 잘 모르는 것입니다.

예수님께서는 철저히 변두리인 이셨는데, 오늘날 기독교는 주류요, 핵심이 되려고 합니다. 물론 그리스도인 개개인은 그 사회의 지식분자요, 핵심적인 활동을 하도록 해야 합니다. 그러나 그것은 다시 변두리를 위한 노력이어야 하는 것입니다. 주류가 되고 핵심이 되려는 노력이 자신과 자기 자녀의 윤택한 삶을 위한 것이라면, 그것은 배교나 다름이 없는 것입니다. 겉으로는 예수님을 믿는다고 하지만, 사실은 그 주류가 가진 힘을 믿는 것이요, 권력을 믿는 것이요, 돈을 믿는 것이며, 이 세상을 믿는 것입니다.

오늘도 우리의 기도가 우리 자신의 안락함과 윤택함과 평안함을 위한 것이었다면, 우리는 예수 믿는 그 복됨을 하나도 누리지 못하고 방황하고 있는 것입니다. 우리 주님께서 어떤 메시야로 오셨는지 확인하시고, 우리를 어떤 구원으로 인도하시는지를 아셔야 합니다. 그것으로 우리의 힘을 삼아 이 세상 속에서 정치적, 경제적, 군사적인 어려움을 늠름히 이기시는 여러분과 제가 되기를 바랍니다.

# 제**10**장

천국은 죽어서야 가는 곳인가?

## 마태복음 3장 1-4절

● ● ¹그때에 세례 요한이 이르러 유대 광야에서 전파하여 가로되 ²회개하라 천국이 가까왔느니라 하였으니 ³저는 선지자 이사야로 말씀하신 자라 일렀으되 광야에 외치는 자의 소리가 있어 가로되 너희는 주의 길을 예비하라 그의 첩경을 평탄케 하라 하였느니라 ⁴이 요한은 약대 털옷을 입고 허리에 가죽띠를 띠고 음식은 메뚜기와 석청이었더라 ● ●

δέκα

예수님 당시 사람들은 예수님을 나사렛 사람이라고 불렀습니다. 나사렛은 아무런 예언도 없으며, 아무런 영향력도 없는 동네였습니다. 그렇기에 이런 촌 동네에서 메시야가 난다는 것을 생각할 수 없었습니다. 예수 그리스도께서는 이처럼 경제적, 정치적, 군사적인 그 어떤 영향력도 존재하지 않는 나사렛 사람이 되어 오직 하나님께만 의존하여 사명을 수행하셨습니다. 이와 같이 예수 그리스도를 따르는 그리스도인들도 오직 하나님만을 의지하는 길로 가야 합니다. 이것이 삶의 전 영역에서 아주 분명하게 드러나야 합니다.

특히 그리스도인들은 자녀를 양육함에 있어서 이 점을 깊이 있게 고민해야 합니다. 우리가 얼마나 세상적인 가치를 우선시하고 있는가는 자녀를 교육하는데서 분명하게 드러납니다. 하나님께서 당신의 백성을 하나님의 뜻대로 양육하도록 우리 부모 된 자들에게 잠시 맡기신 것이지 내 자녀가 아닙니다. 그렇다면 우리가 자녀를 교육할 때에 우선 돼야 하는 것은 무엇보다도 하나님의 말씀을 가르치는 일입니다. 이것은 지식으로만 되지 않고 삶의 실질과 특히 교회 생활 속에서 드러나야 합니다.

그런데 우리는 자녀에게 하나님 말씀을 공부하는 일과 세상의 공부 중에 어느 것을 더욱 중요한 것으로 인식하게 만들고 있는지 돌아봐야 합니다. 물론 모든 참된 지식은 하나님의 지식입니다. 그렇기에 궁극적으로 다 하나님에 대해 배우는 것이 됩니다. 그러나 그 중에서 성경은 아주 특별하게 하나님에 대해서 직접 가르치고 있기 때문에 성경을 통하여 하나님에 대하여 배우는 것이 중요합니다. 공부하는 시간이 더 많아야 한다는 이야기가 아닙니다. 공부에 도움을 얻고자 성경을 읽는가, 성경을 깊이 이해하고자 공부를 하는가? 부모들이 과연 어느 것이 더 중요한 공부인가를 자녀들에게 분명하게 인식시키고 있느냐는 말입니다.

## 예수님 당시의 시대적 배경

예수님께서 이 땅에 오실 때, 오늘 본문에서 세례 요한이 선포를 시작할 때의 이스라엘 상황이 이와 같습니다. 이스라엘은 바벨론에 멸망을 당하고 나서 70년 후에 포로 생활로부터 풀려나긴 했지만 완전히 독립국가로 존재한 것은 아니었습니다. 끊임없이 강대국들의 지배 하에서 고통을 당해야 했습니다. 그러던 중에 마카비 혁명은 이스라엘에 독립을 가져다주었습니다. 하지만 그리 오래가지 못했습니다. 결국 본문의 시기에는 로마의 속국으로서 이두매 사람인 헤롯과 그의 아들들의 통치를 받았습니다. 이제는 강대국 로마의 손에서 벗어난다는 것은 꿈도 꾸지 못하게 되었습니다. 독립에 대한 조금의 희망도 없이 절망만이 그들을 사로잡고 있는 시기였습니다.

그러나 절망은 더더욱 열망을 갖도록 만드는 것입니다. 구약에 예언되어 있는 메시야의 도래에 대해서 간절한 열망을 갖게 되었습니다. 유대인들은 메시야가 도래하면 이 모든 설움, 로마의 압제를 무너뜨리고, 세상의 왕국들을 물리쳐서 그 위에 자신들의 이스라엘 나라가 우뚝 솟을 것이라고 생각하며 열망하고 있었습니다.

이런 시대적 배경 속에서 세례 요한이 선포를 시작했습니다. 이것은 당시 이스라엘 사람들을 흥분시키기에 충분했습니다. 그동안 가짜 메시야가 왔으나 메시야가 아닌 것으로 판명됐었습니다. 그런데 세례 요한은 자신을 메시야라고 주장하는 것이 아니라 자신은 이사야서 40:3에 예언된 메시야를 예고하는 자라고 밝힘으로써 더욱 메시야의 도래를 기대하게 하였습니다. 그래서 오늘 본문 5절이 말하듯이 예루살렘과 유대와 요단강에서 그에게 세례를 받으러 무수히 많은 사람들이 나왔습니다.

## 세례 요한이 선포한 '임박한 천국'

세례 요한은 구약에 예언되어 있던 '광야의 외치는 소리'로서의 사명을 받은 사람입니다. 예수님께서는 그가 바로 메시야 앞에 오기로 구약에 예언된 엘리야였다고 말씀하셨습니다. 그렇기에 그는 메시야의 길을 예비하기 위하여 이스라엘 사람들에게 메시야가 올 것이라고 선포하면서 세례를 주었습니다. 그런데 메시야가 올 것이라는 선포를 해야 할 세례 요한은 메시야가 온다는 것만을 말하지 않고 오히려 '천국이 가까이 왔다'는 메시지를 먼저 중점적으로 전하고 있습니다. 이런 그의 예비적인 활동 후에 예수님께서 등장하십니다.

예수님과 세례 요한이 '천국이 가까이 왔다'는 메시지를 전한지 벌써 2000년이 지났습니다. 그런데 우리는 아직 이 땅에 살고 있습니다. 그래서 어떤 사람들은 천년이 하루 같고, 하루가 천년 같다는 말씀을 가지고서 우리에게는 긴 시간이지만 하나님께는 2000년은 이틀 밖에 안 된다고 말합니다. 물론 하나님께서는 시간을 초월하신 분이기에 2000년 이라는 시간이 큰 문제가 되지는 않습니다. 그러나 여기서 말씀하신 것은 그런 의미는 아닙니다. 그럼 '천국이 가까이 왔다'는 것은 괜히 겁주려고 한 말이겠습니까? 이것도 분명 아닐 것입니다. 이 말씀을 이해하기 위해서는 좀 긴 설명이 필요합니다.

천국에 대한 내용은 상당히 중요합니다. 이미 천국에 대한 바른 인식을 가지신 분들이 많으시겠지만 또 어떤 분들께서는 아직 천국에 대해 오해하고 계실 것입니다. 천국이란 죽어서 가는 곳이라는 생각을 하고 계시기 쉬운데, 이것은 기독교의 천국에 대한 관념이 아니라 동양적인, 한국적인 내세관이 가미된 생각입니다. 결코 성경적인 생각이 아닙니다.

마태복음이 '천국', '하늘나라' 이렇게 표현하고 있어서 그 오해가 더 심각해진 면이 있습니다. 그러나 이것은 히브리적 어법입니다. 십계명에 하나님의 이름을 망령되이 부르지 말라는 계명을 지키기 위해 그들은 하나님의 이름의 사용을 극도로 조심하게 되었고, 결국 자신들의 말의 음가를 잃어버려서 여호와인지 야훼인지 모르게 될 정도가 되었습니다. 이처럼 '하나님'이란 단어를 쓰기 꺼려했고 이를 대체해서 '하늘'이라고 했습니다.

그러므로 마태복음의 '하늘나라'는 '하나님의 나라'를 말합니다. 다른 복음서에는 다 '하나님의 나라'라고 되어 있습니다. 복음서가 말하는 '하늘나라'는 '하나님의 나라'와 같지만 사람들이 생각하는 '하늘나라'는 '하나님 나라'와 상당히 다른 개념입니다. 어린이들이 부르는 노래 중에 '저 높은 우주에 천국을 만들고 주 믿는 자들 오라네'라는 가사가 있습니다. 여기서 말하는 천국, 하늘나라는 정말 저 위에 있는 하늘 위로 자꾸 올라가서 우주 어디쯤에 있는 나라라는 생각이 근간에 깔려 있는 것입니다.

그러나 성경은 그런 '하늘나라'를 말씀하신 적이 없습니다. 성경이 말씀하는 '하늘나라(天國)'는 '하나님 나라'이고 이는 '이(李)씨 조선'이라는 말과 비슷합니다. '이(李)씨 조선'이란 '이(李)씨들이 왕으로서 다스리던 조선'을 의미하듯이 '하나님 나라'란 하나님께서 왕으로서 통치하고 계시는 나라를 말합니다.

## 가까이 왔다던 하나님 나라, 이미? 아직?

성경은 악의 세력이, 사단이 이 세상의 권세를 잡았다고 말하고 있습니다. 그렇기에 이 세상은 사단의 영역입니다. 그런데 여기에 하나님의 통치를 받는 자들이 생겼습니다. 하나님의 통치를 받는 자들이 활동하는 영역이 생겼습니다. 그 속에서는 이 세상의 권세를 잡은 사단의 법이 아닌 하나님의 법이 시행되고 있습니다. 그럼 거기는 사단의 나라입니까? 하나님의 나라입니까? 하나님의 통치를 받는 하나님 백성들이 살고, 하나님의 법이 시행되는 영역이 있으므로 그곳은 당연히 '하나님의 나라'입니다.

하나님의 통치를 받는 자들이 누구입니까? 바로 그리스도인들입니다. 하나님의 법이 시행되는 영역이 어디입니까? 이 세상 전 영역입니다. 그러므로 하나님의 나라는 그리스도인들이 하나님의 법으로 살면서 관여하는 이 세상 전 영역에 이미 임한 것입니다. 즉, 천국은 죽어서 가는 곳이 아니라 천국 백성인 우리가 살고 있는 이 세상 안에 천국이 있는 것입니다.

하나님의 통치를 받는 하나님의 백성들은 이 세상에 어떻게 생기게 되었습니까? 바로 예수 그리스도께서 오셔서 십자가에서 죄를 속하시고, 사망 권세를 이기시고, 사람들을 구원하시어 하나님의 백성을 만드셨습니다. 그리고 그들을 통치하시며 하나님의 법에 따라 살 수 있도록 이끄셨습니다. 그러므로 예수 그리스도께서 오신 것이 곧 천국이 온 것입니다. 이것을 신학적인 용어로 '이미 임한 하나님 나라'라고 합니다. 그래서 성경은 메시야가 가까이 왔다는 것을 '천국이 가까이 왔다'고 선포합니다. 그 하나님 나라가 우리에게는 이미 와 있습니다. 지금 그리스도인들은 이 땅에서 이미 와 있는 하나님 나라에 살고 있습니다.

그런데 하나님 나라는 현재 이 땅에 와 있는 '이미 임한 하나님 나라'만 있는 것이 아닙니다. 성경에 보면 '아직 임하지 않은 하나님 나라'에 대해서도 많은 말씀을 해주고 계십니다. 이 세상의 끝, 예수 그리스도께서 재림하심으로 이루어질 완전한 하나님의 나라는 아직 오지 않았습니다. 그 때에 우리는 죽었던 몸이 부활하여 새로운 몸을 입고 충만한 기쁨과 영광을 누리게 됩니다. 그리고 거기서 지금보다 훨씬 고도한 하나님 나라의 백성으로서 하나님 나라를 살아가게 될 것입니다. 이 '이미 임한 하나님 나라'와 '아직 임하지 않은 하나님 나라'에 대해서는 다음에 좀 더 깊은 논의를 하겠습니다.(제20강 참조)

## 역사의 중심인 하나님 나라

여기서 성경 전체의 하나님 나라에 대한 가르침을 살펴 볼 필요가 있습니다. 하나님께서 이 세상을 창조하실 때 그냥 아무런 이유도 목적도 없이 만드신 것이 아닙니다. 하나님 나라를 이루시기 위해서 창조하셨습니다. 그리고 하나님 말씀에 다스림을 받으며 찬란하고 고도한 문화를 형성하면서 하나님의 영광을 드러낼 인격적인 존재인 인간을 내셨습니다. 인간들에게 주신 명령은 인간을 통하여 하나님의 통치가 이루어져서 하나님 나라가 실증되도록 하신 것입니다.

<sup>창1:28下</sup>생육하고 번성하고 땅에 충만하라, 땅을 정복하라. 바다의 고기와 공중의 새와 땅에 움직이는 모든 생물을 다스리라 하시니라

그런데 인간은 하나님의 명령을 거부하고 자신의 나라를 꿈꾸며 반역을 하였습니다. 하나님께서 정하신 선악을 아는 것에 머물면서 그 선을 지키고 악을 버리려고 노력하지 않고 자신이 하나님과 같이 선과 악을 규정하는 주체가 되기를 소원했습니다. 선과 악을 규정하는 것은 법을 제정하는 일입니다. 즉, 인간은 왕이신 하나님께서 내신 법을 배우고 따라야 하는데, 자기가 법을 제정하겠다고 나섰던 것입니다. 자기가 자신의 법을 만드는 것은 자신이 왕이 됨을 의미합니다. 그렇기에 인간은 하나님께 대한 반역을 행한 것이며, 죽어 마땅합니다. 그럼에도 불구하고 하나님께서는 구원의 약속을 주셨습니다. 이 구원의 약속을 역사 속에서 아주 분명하게 드러내도록 아브라함을 부르셨으며, 이스라엘 민족 국가를 형성케 하셨습니다. 이렇게 이스라엘 나라를 통하여 역사 안에 하나님의 통치를 보이셨습니다.

하지만 인간들은 왕이신 하나님을 왕으로 인정하지 않고 자신들의 욕심에 이끌려서 다른 신들을 자신들의 왕으로 삼았고 하나님을 버렸습니다. 이스라엘 나라가 더 이상 하나님의 나라로 존속하지 못하게 되어서 멸망을 당하게 된 것입니다.

그러나 이것이 하나님의 실패는 아닙니다. 오히려 하나님께서 큰 기적과 은혜를 베푸셨음에도 불구하고 이스라엘 백성들이 하나님을 버리는 것으로서 인간은 본질적으로 하나님을 싫어하는 타락한 존재라는 사실이 더욱 분명하게 드러났습니다. 인간의 타락함이 너무도 깊고 본질적인 것이기에 도무지 하나님을 사랑하여 하나님 나라 백성이 될 가능성, 구원에 이를 가능성이 조금도 존재하지 않는다는 것을 여실히 증명했습니다. 표현하자면, 하나님 나라를 만드시고 그 나라 백성으로 삼아주었더니 몽땅 죄를 짓고 그 나라 감옥에 가 있는 형국입니다.

그럼에도 불구하고 하나님께서는 절대 포기하지 않으십니다. 죄에 지독히 물든 인간들을 하나님 나라 백성으로 만드시고야 말겠다는 집념을 가지셨습니다. 그래서 약속하신 구원자 예수 그리스도를 보내셨습니다. 그로 말미암아 죄의 값을 치르게 하시고 더 이상 죄의 종으로 살지 않게 하셨습니다.

이렇게 예수 그리스도께서 구원하신 인간들은 이제 하나님 백성으로서 하나님의 법에 따라 살 수 있게 되었습니다. 이런 하나님 나라 백성이 살아가는 자태로 말미암아 이 세상 역사 속에 하나님 나라가 아주 분명하게 증시되도록 하셨습니다. 그리고 그들의 삶의 과정까지라도 성령님을 통하여 인도해 주셔서 종국에 하나님 나라 백성으로서의 그 거룩한 자리까지 성화되도록 인도하십니다. 또한 마지막 날에 재림하시어 모든 악을 물리치고 그 풍성함이 극치에 이를 하나님 나라를 왕이신 하나님께 바칠 것입니다.

이상이 성경이 전체적으로 조망하여 주는 역사의 의미입니다. 여기서 우리는 하나님께서 창조하시고 운행하시는 역사의 중심은 처음부터 끝까지 하나님 나라였음을 확인할 수 있습니다. 예수 그리스도께서 이 땅에 오신 최종적인 목적도 사람들을 구원하시는 것이 아닙니다. 사람들을 구원하시는 일이 예수 그리스도께서 하시는 가장 중요한 일이지만, 그것은 그 다음 목적인 하나님 나라를 중심으로 보자면 수단입니다. 예수 그리스도께서는 하나님께서 태초에 목적하셨던 하나님 나라를 이 세상 역사 안에 건설하시기 위하여 하나님의 백성들을 구원하신 것입니다.

물론 하나님 나라를 왜 세우시는가 하면, 사람을 인격적으로 사랑하셔서 사람을 위하여 세우신 것이기에 하나님 나라와 사람은 서로가 목적이자 수단입니다. 제대로 된 나라에서 애국을 하면 결국 자신이 잘 살게 되는 원리와 같습니다. 하나님 나라는 실재적인 나라이지 그저 관념이 아닙니다. 하나님과 인격적인 사랑의 나눔이 없이 그저 인간의 복락을 위한 하나님 나라가 아니라는 말씀입니다. 이런 하나님 나라의 성격, 구원의 성격을 분명히 깨달아야 합니다.

구원과 천국이라는 것이 그저 인간들을 잘 먹고 잘 살게 해주시려는 것이라고 이해해서는 고도한 하나님 나라 백성의 자태가 나타날 수 없습니다. 그런 이해로는 오히려 '어떻게 하면 좀 더 얻어먹어 볼까' 하고 기웃거리는 거지 근성만 심해집니다.


## 죽어서 가는 곳

우리는 지금까지 하나님 나라에 대해서 확인했습니다. 지금 이 세상에 '이미 임한 하나님 나라'와 예수 그리스도께서 재림하실 때에 올, 그렇지만 '아직 오지 않은 하나님 나라'가 성경이 말씀하는 하나님 나라의 두 가지 형태입니다.

　그런데 이렇게 말하고 나면 남는 문제가 하나 있습니다. 많은 사람들은 지금까지 '천국은 죽어서 간다'고 생각했는데, 천국은 이 세상과 오는 세상에 있다면 '우리는 죽어서 어떻게 되고, 어디에 가게 되는가?' 라는 질문입니다. 우선 먼저 말씀드리자면, 일단 죽어서 가는 곳도 천국이 아닌 것은 아닙니다. 거기에도 하나님의 통치가 분명히 존재합니다. 하지만 성경은 우리가 죽어서 가는 곳에 대한 적극적이고 구체적인 설명을 하지 않고 있습니다. 예수님께서 그곳을 '낙원'이라고 부르셨기 때문에 우리도 그렇게 부르는 것이 좋을 것입니다. **"예수께서 이르시되 내가 진실로 네게 이르노니 오늘 네가 나와 함께 낙원에 있으리라 하시니라**(눅 23:43)**"**

　죽음 이후의 상태, 낙원에 대한 적극적인 설명이 없는 이유는 성경은 사람이 죽어 있는 상태를 비정상적인 상태로 보기 때문입니다. 인간을 창조하실 때에 죽음을 상정하고 만드신 것이 아니기 때문입니다. 죽음은 타락의 죄 값으로 인간에게 주어진 것입니다. 그렇기에 성경은 죽어 있는 상태에 대한 자세한 언급이나 그곳을 동경해야 한다는 식으로는 기록하고 있지 않습니다. 죽은 후에 영혼이 하나님 앞과 그리스도 앞에 서게 될 것이라는 시사가 성경 곳곳에 있을 뿐입니다. 이렇게 있다가 예수 그리스도께서 재림하실 때에 새로운 몸을 입고 부활합니다.

　그러면 '우리는 죽어서 좋은 곳에 간다는 것인가? 나쁜 곳에 간다는 것인가?' 묻고 싶을 것입니다. 우리가 죽어서 가는 '낙원'은 좋은 곳임은 분명합니다. 그곳에서 우리는 하나님과 예수님을 뵐 것입니다. 그리고 시간적으로 예수 그리스도께서 재림하실 때까지 더 이상 일을 하지 않고 쉬고 있을 것입니다.

하지만 일을 하지 않는 것이 결코 좋은 것이 아닙니다. 타락한 세상에서의 일이란 저주의 측면이기 때문에 일을 하지 않는 것을 복이라고 느낄 수도 있지만, 그리스도인들의 일은 하나님 나라의 일이기에 영광스러운 일입니다. 그런데 이 영광스러운 일을 '낙원'에서는 못합니다. 영혼만 가지고 있는 비정상적인 상태로는 하나님 나라 일을 할 수가 없습니다. 내세지향적인 생각, 빨리 죽어서 '낙원'에 가서 쉬고 싶다는 것은 정당하지 못한 생각입니다. 그렇기에 아직 전투 중이어서 힘들더라도 이 세상에서 하나님 나라 백성으로서 일을 수행하는 것이 훨씬 귀합니다.

우리는 오늘 여기서 하나님 나라 백성으로서 하나님의 통치를 받으며 내가 서 있는 영역에 하나님의 법이 강 같이 흐르도록 하여야 합니다. 그것이 우리의 사명이며, 하나님 나라의 진전에 드려진 삶입니다. 이런 삶을 살아가는 동안에 하나님께서는 우리의 실존 안에서 역사하실 것이고, 기쁨과 감격 속에서 하나님에 대한 믿음을 굳건히 해 나가게 됩니다. 그러면서 내 안에서 일어나는 거룩한 변화, 하나님 나라 백성다운 자태를 형성해 나가는 자신을 보면서 놀라게 되며 하나님을 사랑하는 자가 될 것입니다. 이 일에 우리 모두는 실패할 리 없습니다. 성령님께서 이 일을 위하여 쉼 없이 일하고 계시기 때문입니다.

# 제 **11** 장

아브라함의 자손과 사단의 자식들

**마태복음 3장 5-12절**

● ● ⁵이때에 예루살렘과 온 유대와 요단 강 사방에서 다 그에게 나아와 ⁶자기들의 죄를 자복하고 요단강 에서 그에게 세례를 받더니 ⁷요한이 많은 바리새인과 사두개인이 세례 베푸는 데 오는 것을 보고 이르되 독사의 자식들아 누가 너희를 가르쳐 임박한 진노를 피하라 하더냐 ⁸그러므로 회개에 합당한 열매를 맺고 ⁹속으로 아브라함이 우리 조상이라고 생각지 말라 내가 너희에게 이르노니 하나님이 능히 이 돌들로도 아브라함의 자손이 되게 하시리라 ¹⁰ 이미 도끼가 나무 뿌리에 놓였으니 좋은 열매 맺지 아니하는 나무마다 찍어 불에 던지우리라 ¹¹나는 너희로 회개케 하기 위하여 물로 세례를 주거니와 내 뒤에 오시는 이는 나보다 능력이 많으시니 나는 그의 신을 들기도 감당치 못하겠노라 그는 성령과 불로 너희에게 세례를 주실 것이요 ¹²손에 키를 들고 자기의 타작마당을 정하게 하사 알곡은 모아 곡간에 들이고 쭉정이는 꺼지지 않는 불에 태우시리라 ● ●

ἕντεκα

성경은 우리가 죽어서 가는 곳을 하나님 나라라고 부르지 않습니다. 성경이 하나님 나라라고 부른 것은 예수님의 부활하심으로 이루어져서 이 땅위에 실존적으로 임한 현재적인 하나님 나라와 재림 때에 임할, 그렇지만 아직 오지 않은 그 풍성함이 충만한 완전한 하나님 나라뿐입니다. 그런데도 많은 기독교인들이 아직까지도 죽어서 좋은 곳에 가기 위해서 예수를 믿는 것이라고 오해하고 있습니다. 이런 오해가 결국 이 세상의 삶을 늘 부정적으로 생각하며 떠나야 할 곳으로 인식하고 있게 만듭니다.

그래서 세상에 대해 참으로 소극적이게 만듭니다. 이런 인식은 자라나는 교회의 다음 세대들에게 심각한 영향을 미쳐서 둘 중에 하나의 삶을 선택하게 하고 있습니다. 하나는 교회 안에서의 삶을 동경하면서 가급적이면 세상과 관계를 덜 맺으면서 살아가려는 모습을 갖게 만듭니다. 결국 이들은 신학을 하느니, 선교사를 하느니 하는 형식으로 남습니다. 다른 하나는 교회와 세상 속에서 갈등하다가 결국 교회를 떠나서 방황하는 삶을 살게 됩니다. 이들에게 교회는 짐이며, 예수 그리스도는 족쇄일 뿐입니다. 교회가 실존적인 힘이 된다는 것을 도무지 경험하지 못합니다. 그 말이 무엇을 말하고 있는지 이해하지 못합니다.

이들의 공통점은 교회와 세상의 삶을 분리해서 생각한다는 것입니다. 그렇게 분리된 교회와 세상의 삶은 둘 다 시간과 정열을 요구합니다. 그래서 교회든지 세상이든지 둘 중에 하나를 택할 수밖에 없게 됩니다. 하나님 나라가 이미 세상 안으로, 역사 안으로 침투했다는 사실을 제대로 인식하지 못했기에 이런 극단적인 태도를 갖게 됩니다. 하나님 나라 백성의 영적인 삶은 교회당 안에서 이루어지는 것이 아니라 그가 이 세상을 사는 일 속에서 이루어집니다. 둘은 분리될 수가 없습니다. 세상 사람과 그리스도인들은 다른 일을 하는 것이 아니라 같은 일을 하면서 다른 원리를 가지고 삽니다. 세상은 자신의 배를 위해서 직장 생활을 하지만 그리스도인은 자신을 통하여 하나님의 법의 통치가 거기까지 미쳐서 하나님 나라가 진전되기를 소원하면서 직장을 다닙니다. 이렇게 하나님 나라를 살고 있습니다.


## 요한의 물세례, 예수님의 성령과 불세례

세례 요한은 회개의 기회를 주기 위해 물로 세례를 주고 있다고 합니다(11절). 다른 쪽으로 이해해 보면 세례 요한 자신이 베푸는 물세례는 별다른 능력이나 효력을 가지지 않았다는 뜻입니다. 이에 대해 좀 더 설명해 보겠습니다. 본문의 8-9절을 보면서 말씀드리겠습니다.

**마3:8그러므로 회개에 합당한 열매를 맺고 9속으로 아브라함이 우리 조상이라고 생각지 말라 내가 너희에게 이르노니 하나님이 능히 이 돌들로도 아브라함의 자손이 되게 하시리라**

세례 요한은 회개에 합당한 열매를 맺으라고 요구합니다. 요한의 세례는 회개의 기회를 줄 뿐이지 죄를 씻어 주거나 회개한 자로서의 열매를 만들어내는 능력을 가지지 못했음을 의미합니다. 회개와 그 회개의 열매가 전적으로 본인들에게 요구됩니다. 이 회개의 열매란 내가 아브라함의 자손이기 때문에 구원을 얻을 것이라는 생각을 버리는 것입니다. 아브라함의 자손이란 '돌'로도 만들어내실 수 있는 것인데, 자신이 아브라함의 자손이기 때문에 구원을 얻을 것으로 여긴다면 세례 요한에게 세례를 받는 것은 쓸데없는 일입니다.

세례 요한은 자신의 뒤에 오실 분, 천국을 가져오실 분이 자신보다 능력이 많으신 분이라고 소개합니다. 그리고 그 능력 많으심은 더 많은 병자를 고친다거나 더 놀라운 기적을 행한다거나가 아니라, 성령과 불의 세례를 주시는 것으로 나타난다고 합니다. 성령과 불로 세례를 준다는 것은 생명과 심판을 의미합니다. 그분은 손에 키를 가지셨기 때문에 당신의 백성과 사단의 백성을 분명하게 나누실 것입니다. 알곡인 당신의 백성은 생명의 곡간 즉, 천국에 넣으실 것이고, 쭉정이인 사단의 백성들에게는 불의 심판을 주실 분이십니다. 세례 요한의 세례와는 다르게 예수님의 성령과 불의 세례는 이 점을 명백히 드러낼 것입니다. 당신의 백성과 사단의 백성을 분명하게 나누실 것이란 말씀입니다. 이것이 세례 요한과 예수님의 사역이 근본적으로 다른 점입니다.

## 세례 요한에게 욕먹는 주류 종교인들

오늘 본문 중에서 가장 우리의 눈길을 끄는 본문은 역시 7절이 아닌가 생각합니다.

마3:7 요한이 많은 바리새인과 사두개인이 세례 베푸는 데 오는 것을 보고 이르되 독사의 자식들아 누가 너희를 가르쳐 임박한 진노를 피하라 하더냐.

여기서 '독사의 자식들' 이란 말은 '사단의 자식' 이라는 말입니다. 이스라엘 사람들이 가장 혐오하는 욕입니다. '저주 받은 자' 라는 것입니다. 세례 요한이 이런 반응을 보이는 데는 이유가 있습니다. 7절은 바리새인과 사두개인들이 요한이 세례 베푸는 곳에 오는 것으로 묘사하고 있습니다. 바리새인들과 사두개인들 중에 많은 이들이 세례 요한이 베푸는 세례를 받으면서 메시야를 맞이하기 위해서 나왔습니다.

그러나 모든 바리새인들과 사두개인들이 다 그런 입장으로 세례 요한에게 온 것은 아닙니다. 요한복음 1:19에 보면 예루살렘에서 종교 종사자들이 사람을 보내어 세례 요한에 대해 조사합니다. 이들은 세례 요한에게 당신이 그리스도냐, 당신이 메시야 앞에 오기로 되어 있는 엘리야냐, 아니면 선지자냐고 여러 가지로 묻습니다. 그런데 세례 요한이 모두 아니라고 하자, 그럼 왜 세례를 주느냐고 따져 묻습니다. 즉, 자격증이 없는데 왜 이런 행위를 하느냐고 따지고 있는 것입니다. 이들이 왜 그러느냐 하면 세례를 주고, 메시지를 전달하고 회개를 시키는 등의 종교적인 일은 자신들과 같은 종교적인 전문가들이 해야 할 것인데 전혀 근본을 알 수 없는 자가 나타나서 자신들의 영역을 침범하고 있기 때문입니다.

물론 그런 것이 중요할 수도 있습니다. 이런 것들은 가장 기본적인 측면들을 따로 입증하거나 확인하지 않고라도 인정할 수 있도록 만드는 도구가 될 수 있기 때문입니다. 그러나 그것은 절대적인 것이 아닙니다. 중요한 것은 본질입니다. 그러므로 당시 종교 지도자들은 '세례 요한이 전하고 있는 내용이 과연 하나님의 말씀인가? 구약의 계시에 정당하게 근거하고 있는가?'를 중요하게 생각했어야 합니다. 그러나 이들에게는 그런 것이 중요하지 않고 오직 세례 요한의 신분만 중요했습니다.

자신들도 세례 요한의 메시지에 대해 하나님께로부터 온 것임을 부인하지는 못했습니다. 그러면서도 세례 요한이 종교적인 주류 그룹이 아니기에 공식적으로 인정하지 않았습니다. 그래서 이처럼 강퍅한 심령을 가지고 하나님의 말씀을 듣지 않으려고 하는 종교적인 주류 그룹인 바리새인과 사두개인들이 욕을 먹고 있습니다.


## 회개하고 세례를 받으러 나왔는데도

———

물론 위에서도 말씀 드렸지만 이렇게 조사를 하면서 대적적인 관계를 형성하고 있는 주류 종교인들만 세례 요한에게 온 것은 아닙니다. 본문이 많은 바리새인과 사두개인이 나왔다고 말하고 있고, 본문의 뉘앙스로 보아 바리새인과 사두개인이 세례를 전혀 받지 않았다고 보기는 어렵습니다. 많은 바리새인들과 사두개인들이 개인적으로 나와서 회개의 세례를 받았습니다. 그렇기에 여기서 욕을 먹고 있는 바리새인들과 사두개인들은 최소한 세례 요한의 활동에 대해 하나님으로 말미암은 것으로 인정하고 있는 자들입니다.

그런데 왜, 이들에게 대 놓고 욕을 하고 있을까요? 오히려 여기 오지 않은 바리새인들과 사두개인들, 예루살렘에 머물러 있는 종교 지도자들에게 욕을 하고 여기 있는 자들에게는 잘 왔다고 칭찬을 해 줘야 하지 않겠습니까? 뭔가 이상하지 않습니까? 이것은 누가복음 3:7을 보면 더욱 이상하게 보이게 됩니다.


<sup>눅3:7</sup>요한이 세례 받으러 나오는 무리에게 이르되 독사의 자식들아 누가 너희를 가르쳐 장차 올 진노를 피하라 하더냐

누가복음에는 '독사의 자식들'이라는 욕을 먹는 대상이 바리새인들과 사두개인들 뿐만이 아니라 세례 요한에게 나온 모든 무리들로 되어 있습니다. 왜, 누가 복음에는 마태복음과 달리 무리들 전체에게 욕을 했다고 기록했을까요? 혹시 바리새인과 사두개인에게 욕하는 것으론 분이 가시지 않아서 이제는 무리들에게까지 욕을 한 것일까요? 또한 회개하고 세례를 받으려는 자들에게 꼭 저렇게 심한 욕을 해야 할 이유는 과연 무엇일까요?

우선 마태복음에서는 바리새인과 사두개인들이 '독사의 자식들'이라는 욕을 먹고 있는데, 누가복음은 무리 전체가 모두 욕을 먹고 있는 것으로 기록한 이유에 대해서 설명 드리겠습니다. 바리새인과 사두개인은 당시 이스라엘의 종교 지도자였기 때문에 두 집단이 이스라엘 종교 전반에 영향을 미치고 있었고, 대중의 생각은 이 두 집단의 생각을 따라가고 있었습니다. 그렇기에 대중을 향해 욕을 한 것이 곧 바리새인과 사두개인을 향해 욕한 것입니다. '독사의 자식들'이라는 욕을 먹을 만한 짓을 이두 집단이 가르치고 있었고, 이것이 대중들 전체에 퍼져 있던 것입니다.

이것은 마태복음과 누가복음이 자료가 달라서 그런 것이 아닙니다. 유대인을 대상으로 기록된 마태복음은 욕을 먹은 대상을 좀 더 구체적으로 서술한 것이며, 이방인을 대상으로 한 누가복음은 이스라엘 종교 전반이 그런 상황에 있었기 때문에 동일한 욕을 먹은 것으로 기록하고 있습니다. 그러므로 '독사의 자식들'이라는 욕은 어느 개인 개인에게 한 것이 아니라 당시 종교적인 사상에 대해서 한 비판입니다. 즉, 당시 모두가 '독사의 자

식들'이었고, 그렇게 만드는 일에 앞장섰던 자들이 바로 종교 지
도자들이었던 바리새인들과 사두개인들이었습니다.


## 왜 사단의 자식인가?

그런데 왜, '독사의 자식들', 즉 '사단의 자식들'이라는 무시무
시한 욕을 먹어야 했겠습니까? 더욱이 이제 세례 요한이 회개의
세례를 받으러 나온 자들에게 까지 저렇게 심한 욕을 해야 하는
이유가 무엇이겠습니까? 그 이유는 이들이 세례 요한에게 나오기
는 했으나 아직도 여전히 자신들이 가지고 있는 종교적인 사상에
대해서는 의심 없이 움켜쥐고 있기 때문입니다. 이들의 종교적
사상이 도대체 어떠하기에, 그래도 하나님을 믿는다고 하고 있
고, 구약 성경을 믿는 자들인데 '독사의 자식들'이라는 욕을 먹는
지 심히 궁금해집니다.

먼저 사두개인들의 신학 사상을 보겠습니다. 이들은 내세와 부
활을 부인하고 영혼도 육신의 죽음과 함께 끝난다고 생각하였습
니다. 그러므로 당연히 현세 중심적이 될 수밖에 없고 세상의 좋
은 것들, 권력과 부와 명예 등 세속적 이익을 추구하는 속물들이
요, 신앙과 경건에 있어서는 형식적인 관심 이상의 것을 기대하
기 어려웠습니다. 이러한 사두개인들의 가르침은 일반 대중들에
게는 호응을 얻지 못했고, 다만 부자들이나 고위층의 사람들에게
만 설득력을 가졌을 뿐이었습니다. 이러한 사두개인들의 가르침
에 대해서 세례 요한이 책망을 하는 것은 지금 봐도 금방 이해할

수가 있습니다.

그렇지만 바리새인의 경우에는 좀 다릅니다. 바리새인들은 검소한 생활과 행동하는 실천가요, 영혼 불멸을 믿어서 부활을 믿었고, 가장 광범위하게 구약의 전통들을 지켜나가기 위해 애를 썼던 자들입니다. 우리는 신약성경이 바리새인들을 욕하고 있기 때문에 너무 쉽게 바리새인들을 욕하지만 사실 그들의 절제와 경건과 종교적 열심은 우리가 감히 흉내 내기도 어려울 정도입니다. 그래서 바리새인들에 대한 존경과 영향은 일반 대중들에게 크게 작용하고 있었습니다. 이런 바리새인들에게 '독사의 자식들', '사단의 자식'이라고 욕하는 것은 참 이해하기 어려운 것입니다.

물론 바리새인들에 대한 예수님과 신약 성경의 말씀들을 잘 살펴보면 알 수 있습니다만, 오늘 본문 안에도 이에 대한 힌트를 주고 있습니다. 9절입니다.

<sup>마3:9</sup>**속으로 아브라함이 우리 조상이라고 생각지 말라 내가 너희에게 이르노니 하나님이 능히 이 돌들로도 아브라함의 자손이 되게 하시리라**

아브라함의 자손이기 때문에 구원을 얻을 것이라는 생각을 비판하고 있습니다. 아브라함의 자손임이 구원의 조건이라고 생각하는 사람들 전체를 비판하고 있습니다. 1-2장을 살피면서 여러 번 말씀드렸듯이 이런 생각은 이스라엘 사람들 전체의 생각입니다. 그뿐 아니라 예수님의 십자가 사역 후에 승천하시고,

신약 교회가 서고, 마태복음이 기록되는 그 시간까지 이스라엘 사람들이 벗어나지 못한 시각입니다.

이것이 왜 이렇게 큰 문제입니까? 이것이 왜, '독사의 자식들'이라는 욕을 먹을 일인가 말입니다. 그것은 바로 구원의 조건이 인간에게 있다는 생각 때문입니다. 바리새인들이 저급한 현세의 명리(名利)를 추구해 나가지 않음으로 괜찮아 보이지만, 스스로 의로운 자라고 생각하며 스스로의 종교적, 윤리적 열심으로 구원을 이룰 수 있다는 생각이 바로 사단의 생각입니다. 이런 생각을 하게 되는 이유가 바로 '독사의 자식', 즉, '사단의 자식'이기 때문이란 말씀입니다. 이런 생각을 자신들만 하고 있는 것이 아니라 다른 사람들에게도 동일하게 가르치고 있기에 예수님께서 '저들은 천국에 문을 닫아 놓고 자기들만 들어가지 않는 것이 아니라 다른 사람들까지도 들어가지 못하게 막고 있다'고 심하게 책망하셨습니다.


## 구원 – 전적인 하나님의 은혜

인간은 끊임없이 하나님 앞에 무엇을 내 놓을 수 있는 존재가 되기를 꿈꿉니다. 특히 구원의 문제에서 우리는 내가 뭔가 꺼내 놓을 것이 있고, 이것을 통해 하나님께서 구원을 이루실 것이라고 생각하는 아주 나쁜 습성을 가지고 있습니다. 이것이 바로 죄입니다. 죄란 하나님 앞에서의 자존심입니다.

우리의 구원은 우리에게 아무런 조건이 없이 온전히 하나님께서 이루시는 것입니다. 구원에 있어서 우리는 시체와 같은 자들입니다. 우리는 영적으로는 죽은 자들입니다. 구원에 대한 필요성조차 느끼지 못합니다. 우리가 하나님을 알지도 못할 때 하나님께서 우리를 구원하십니다.

구원이란 시체를 살려내는 것과 같습니다. 살아나기 위해 시체가 할 일은 없습니다. 시체에게 내가 있는 곳까지 오면 살려준다거나, 아니 마음에 믿기만 하면 살려준다는 말은 아무 의미가 없습니다. 시체에게는 이미 걸어올 수 있는 다리도, 들을 수 있는 귀도, 믿을 뇌도 없습니다. 시체를 살려내는 문제에서 시체 자신은 아무 것도 꺼내놓을 것이 없습니다. 만일 시체가 살아나야겠다고 인지하기 시작했다면 그것은 이미 살려냄을 받은 다음에 일어나는 현상입니다. 우리가 예수 그리스도를 통한 하나님의 구원을 얻기 원하는 것은 이미 구원을 얻었기 때문에 일어나는 소원입니다.

많은 이들이 이것을 오해합니다. 내가 믿었고, 그 믿은 것이 나의 구원을 이루었다고 생각합니다. 그렇지 않습니다. 우리가 믿고 있다는 것은 이미 구원을 받았음을 의미합니다. 믿음은 영적 시체가 살려냄을 받아야 꺼내 놓을 수 있는 것인데, 믿음을 구원의 조건으로 내건다는 것은 말이 안 됩니다.

만일 구원에 대한 조건이 우리에게 조금이라도 요구되었더라면 우리는 그것을 해낼 수 없었을 것입니다. 시체가 뭘 할 수 있단 말입니까? '믿어라'는 구원의 조건이 아닙니다. 구원 받았기 때문에, 살아났기 때문에 주어지는 요구이며, 이미 구원이 이루어진 다음의 이야기입니다. 구원에 있어 우리는 아무것도 할 수 없습니다. 우리는 결코 우리의 노력으로 말미암아 구원을 받지 않습니다. 구원은 전적으로 하나님의 은혜로 말미암습니다.

　그럼 우리는 우리의 구원을 얻기 위하여서는 아무것도 하지 않아도 되는가? 예, 그렇습니다. 그럼 막 살아도 되는가? 그건 아닙니다. 이런 질문을 하는 것은 이미 우리가 받은 구원이 어떤 것인지 바르게 인식하지 못하고 있다는 증거입니다. 이는 여러분이 여러분 자녀에게 자녀답기를 요구하시는 것이 그들을 자녀로 만드는 문제와 관계가 없는 것과 같습니다. 하나님께서 이루신 구원도 바로 이와 같은 것입니다. 끊임없이 하나님께서는 구원하신 당신의 자녀들에게 자녀답기를 요구하십니다.

# 제**12**장

왜, 세례를 받으셨을까?

## 마태복음 3장 13-17절

● ● 13이때에 예수께서 갈릴리로서 요단 강에 이르러 요한에게 세례를 받으려 하신대 14요한이 말려 가로되 내가 당신에게 세례를 받아야 할 터인데 당신이 내게로 오시나이까 15예수께서 대답하여 가라사대 이제 허락하라 우리가 이와 같이 하여 모든 의를 이루는 것이 합당하니라 하신대 이에 요한이 허락하는지라 16예수께서 세례를 받으시고 곧 물에서 올라 오실 새 하늘이 열리고 하나님의 성령이 비둘기같이 내려 자기 위에 임하심을 보시더니 17하늘로서 소리가 있어 말씀하시되 이는 내 사랑하는 아들이요 내 기뻐하는 자라 하시니라 ● ●

δώδεκα

　지난 강에서는 세례 요한이 세례를 베푸는 장면을 살펴보았습니다. 그곳에 나온 바리새인과 사두개인들은 '독사의 자식', '사단의 자식' 이라는 심한 욕을 먹었습니다. 이렇게 심한 욕을 먹은 이유는 인간들이 구원을 받을 조건을 가지고 있다는 사상을 가르쳤기 때문입니다. 유대교는 아브라함의 자손이라는 것이 구원의 조건이 되며, 율법을 지켜서 구원을 얻게 된다고 가르쳤습니다. 이것이 선민사상을 만들었으며, 선민사상으로 인하여 이방인들을 개보다 못한 존재로 생각해서 멸시하였습니다.

　오늘날에도 이와 같이 인간에게 구원의 조건을 요구하는 이들이 많이 있는 것을 보게 됩니다. '믿어야 구원을 얻는다.'는 말을 강조하면서 '믿음' 안에 헌금, 봉사, 순종 등등을 포함해 놓고, 이런 것을 하지 않으면 '믿음'이 없는 것이고 구원은 불확실

하다고 합니다. 이처럼 구원의 조건이 인간에게 있는 것처럼 가르친다면, 사람들은 자기 의를 추구하여 만들어 낸 결과물을 값으로 내놓고 하나님께 구원을 요구하게 될 것입니다.

또한 다른 측면에서는 성경에는 없는 구원의 조건을 인간들 쪽에서 만들어 낸 것이기 때문에 이것으로 구원의 확신을 얻는 것이 불가능합니다. 남의 다리를 긁고 있으니 시원해질 리가 없습니다. 구원의 확신이 흔들리기에 늘 불안하고 두렵습니다. 끊임없이 종교적 불안감을 느끼기 때문에 늘 그 종교의 노예로 살게 됩니다.

그러나 기독교는 그런 노예적인 종교가 아닙니다. 예수님께서는 <sup>요8:32</sup>**진리를 알지니 진리가 너희를 자유케 하리라** 고 하셨습니다. 이런 노예적인 종교를 교회 안으로 가지고 들어오는 것에 대해 갈라디아서 2:4은 이렇게 말하고 있습니다.

<sup>갈2:4</sup>이는 가만히 들어온 거짓 형제 까닭이라 저희가 가만히 들어온 것은 그리스도 예수 안에서 우리의 가진 자유를 엿보고 우리를 종으로 삼고자 함이로되

## 대관식

---

오늘 본문은 예수님께서 세례를 받으시는 장면입니다. 세례 요한이 세례를 베푸는 곳으로 오시어 친히 세례를 받으셨습니다. 그러자 하늘이 열리고 성령님께서 예수님 위에 임하시고 하나님

께서는 친히 "이는 내 사랑하는 아들이요 내 기뻐하는 자라"라고 말씀해 주셨습니다. 이 장면은 참으로 장엄함을 느끼게 해줍니다.

마태는 1-2장에서 예수님을 메시야, 아브라함과 다윗의 자손, 유대인의 왕 등으로 소개하였습니다. 이제 여기서는 하나님께서 직접 예수님을 새로운 왕이며 유일한 메시야로 선언하셨음을 보여주고 있습니다. 이처럼 하나님께서 친히 선포하신 이유는 초월적인 존재들을 포함한 세상, 특히 사단까지라도 알도록 공표하신 것입니다. 어쩌면 그 이전에는 천사나 사단이 예수 그리스도께서 특별한 존재임은 알고 있었으나, 하나님의 유일하신 아들이심에 대해서는 알 수 없었을 것입니다. 이것은 하나님께 감추어져 있던 신비였기 때문에 이처럼 하나님께서 직접 선포하심으로 나타내시지 않으면 모릅니다.[4]

이 장면은 대통령 선거를 통해서 대통령으로 뽑힌 자라도 취임식을 해야 대통령이 되는 것과 같은 측면이 있습니다. 이것을 좀 더 자세히 살펴보도록 하겠습니다. 먼저 17절에 '내 아들'이라는 것은 시편 2:7과 연관해서 이해될 수 있습니다.

> 시2:7내가 영(명령)을 전하노라 여호와께서 내게 이르시되 너는 내 아들이라 오늘날 내가 너를 낳았도다.

---

4. 엡 3:9 "영원부터 만물을 창조하신 하나님 속에 감취었던 비밀의 경륜이 어떠한 것을 드러내게 하려 하심이라"; 벧전 1:12 "이 섬긴 바가 자기를 위한 것이 아니요 너희를 위한 것임이 계시로 알게 되었으니 이것은 하늘로부터 보내신 성령을 힘입어 복음을 전하는 자들로 이제 너희에게 고한 것이요 천사들도 살펴보기를 원하는 것이니라"

그런데 이 시편 구절은 왕의 대관식에서 왕을 공표할 때에 쓰였습니다. 또한 마태복음 본문이 말씀하는 '기뻐하는 자'라는 것은 이사야 42:1을 반영하고 있습니다.

"사42:1내가 붙드는 나의 종, 내 마음에 기뻐하는 나의 택한 사람을 보라 내가 나의 신을 그에게 주었은즉 그가 이방에 공의를 베풀리라"

이 구절은 여호와의 종에 관한 내용의 시작인데 이 종은 결국 고난을 받아서 구원을 이루는 고난의 메시야로 드러납니다. 그렇기에 성령님께서 임하시면서 하늘의 선포가 있는 이 장엄한 장면은 예수님께서 왕이신 동시에 메시야로서 등극하시는 예식입니다. 그런데 이 메시야는 왕이심에도 불구하고 고난 받는 종이시기에 여기 마태복음 3장에서 메시야 왕의 대관식이 끝나고 나서 4장에 가서는 고난을 받으시면서 사단과 정면 대결을 벌이십니다.

## 왜 세례를 받으시는가?

이처럼 본문이 대관식이라는 것은 아주 분명하게 드러납니다. 그런데 문제는 바로 13-15절입니다. 먼저 13-14절을 보겠습니다.

마3:13이때에 예수께서 갈릴리로서 요단강에 이르러 요한에게 세례를 받으려 하신대 14요한이 말려 가로되 내가 당신에게 세례를 받아야 할 터인데 당신이 내게로 오시나이까.

세례 요한이 말하던 자신보다 '능력이 많으신 이'이신 예수 그리스도께서 세례 요한에게 오셨습니다. 세례 요한은 그분이 자신과 비교할 수 없을 만큼 크신 분이기에 그분의 신을 받들기에도 부족한 자라고 고백했습니다. 그런데 본문에서는 상당히 의외의 사태가 벌어집니다. 예수님께서 세례 요한에게 세례를 받으시겠답니다. 이에 대해 요한은 강력히 거절합니다. 당연하지 않겠습니까? 그럼에도 예수님께서는 더욱 강하게 요구하셔서 세례 요한에게 세례를 받으십니다.

요한의 세례는 죄를 회개케 하기 위하여 주는 세례이기에 죄인들이 받는 세례입니다. 그런데 예수님은 죄를 지으셨거나 죄를 회개해야 하는 분이 아니십니다. 당연히 예수님께서는 죄인의 세례를 받으실 필요가 전혀 없으십니다. 그런데도 왜 세례를 받으시는지 쉽게 이해되지 않는 부분입니다. 그 이유를 알기 위해서 우리는 예수님의 말씀을 좀 더 자세하게 살펴봐야겠습니다. 15절입니다.

마3:15예수께서 대답하여 가라사대 이제 허락하라 우리가 이와 같이 하여 모든 의를 이루는 것이 합당하니라 하신대 이에 요한이 허락하는지라

이 구절의 '모든 의'에서 '의'란 하나님의 뜻을 행하는 것을 말합니다. 이것은 단순히 예수님께서 요한에게 세례를 받는 것 자

체가 하나님의 뜻이라는 이야기 정도가 아니라 요한에게 세례를 받아야 예수님께서 이루실 하나님의 뜻을 합당하게 해 나갈 수 있다는 것입니다. 즉, 예수님께서 이뤄야 할 '하나님의 모든 뜻'이란 인간의 구원 사역이고, 이 일을 이루는 데 죄인들이 받는 죄인의 세례를 받는 일이 필요한 것입니다. 하지만 예수님께서는 죄가 없으신 분인데 왜 죄인의 세례를 받으시는 것이 하나님의 뜻이고, 또한 하나님의 뜻을 이루어가는 일이 되는지 여전히 잘 납득이 되질 않습니다.

## 세례의 의미

이것을 위해서 세례라는 것이 무엇을 의미하는지를 살펴보도록 하겠습니다. 고린도전서 10:2입니다.

고전10:2 **모세에게 속하여 다 구름과 바다에서 세례를 받고**

이것은 출애굽 당시에 모세의 인도 아래 홍해를 건넌 사건과 구름 기둥의 보호를 받으며 광야를 지나던 것을 말하고 있습니다. 이것은 구약 시대의 구원의 여정이며, 이 구원의 여정은 우리의 세례와 같은 것이란 말씀입니다. 다음 갈라디아서 3:27을 보겠습니다.

갈3:27 **누구든지 그리스도와 합하여 세례를 받은 자는 그리스도**

로 옷 입었느니라

그리고 한 구절 더 보겠습니다. 고린도전서 12:13입니다.

고전12:13우리가 유대인이나 헬라인이나 종이나 자유자나 다 한 성령으로 세례를 받아 한 몸이 되었고 또 다 한 성령을 마시게 하셨느니라

이상의 구절들 속에서 세례에 대한 공통된 그림이 무엇입니까? 연합입니다. 구약의 백성들은 모세와 연합하여 구약적인 세례를 받았고, 신약의 백성들은 그리스도와 연합하여 세례를 받는 것입니다. 우리 모두는 세례를 통해서 한 몸 즉, 그리스도의 몸으로 연합되는 것입니다. 이처럼 세례가 의미하는 가장 중심된 생각은 연합, 하나 됨입니다.

## 죄인과 하나가 되신 예수님[5]

바로 세례의 의미가 연합, 하나 됨이라는 것 때문에 예수님께서는 요한에게 세례를 받으셨습니다. 예수님께서는 죄가 없으신 분입니다만 죄인들과 연합하시기 위하여, 하나가 되시기 위

---

5. 유해무, 『개혁교회학』 (고양시: 크리스챤다이제스트, 2000), 517. "예수는 세례를 받음으로 회개해야 하는 죄인들의 무리에 속하게 되었고, 여기서 시작된 연대성은 당신의 죽음과 부활로 계속되었다.

하여 죄인의 세례를 받으셨습니다. 이로써 예수님께서는 죄인들과 하나가 되셨습니다. 그렇기에 세례를 받으시는 것이 예수님의 공생애 시작 지점에 필요한 사건이며 '모든 의'를 이루기 위한 첫 단추가 됩니다.

예수 그리스도께서 죄인과 연합하심은 구원사역을 위해서 꼭 필요합니다. 예수님께서는 임마누엘이십니다. 임마누엘이란 하나님이 우리와 함께 계신다는 뜻입니다. 성자 하나님께서 임마누엘하시기 위해서 당신을 낮추시어 이 땅위에 인간의 형상으로 오셨습니다. 그러나 여기에 머무르지 않으시고 당신을 더욱 낮추어 죄인들과 동일한 세례를 받으셔서 당신 자신과 죄인들을 함께 묶으셨습니다. 그렇게 예수 그리스도와 우리는 하나가 되었습니다. 그 연합을 어느 누구도 끊을 수 없고, 나눌 수 없습니다.


## 하나로 묶어 십자가 속죄와 부활 승리를 이루심

그렇기에 이 후로 예수님과 우리는 계속 하나입니다. 계속 하나이기에 어디까지 가십니까? 십자가 죽음까지 가십니다. 십자가의 죽음은 본래 누구의 것이었습니까? 죄인 된 우리의 몫이었습니다. 그런데 죄인 된 우리와 하나가 되신 예수 그리스도께서 대신 죽음의 십자가를 지셨습니다. 하나가 되셨기 때문에 그렇게 하셨습니다.

하나가 되어 죽음에 들어가시는 것이 세례가 가지는 또 하나의 의미입니다. 그렇기에 본문에서 물에 들어가서 세례를 받으시는 것은 죽음에 들어가는 것을 말씀합니다. 그 물에서 나오셨다는 것은 죽음 속에 들어갔으나 죽지 않으셨다는 것을 상징합니다. 이것이 바로 부활입니다. 로마서 6:3-4은 이것을 명확하게 표현해 주고 있습니다.

롬6:3무릇 그리스도 예수와 합하여 세례를 받은 우리는 그의 죽으심과 합하여 세례 받은 줄을 알지 못하느뇨 4그러므로 우리가 그의 죽으심과 합하여 세례를 받음으로 그와 함께 장사되었나니 이는 아버지의 영광으로 말미암아 그리스도를 죽은 자 가운데서 살리심과 같이 우리로 또한 새 생명 가운데서 행하게 하려 함이니라

우리는 죄인이기에 그 형벌로 죽음을 당해야 합니다. 반면 예수님께서는 죄가 없으시기에 죽음의 형벌을 받지 않으시는 분입니다. 이런 두 존재가 세례를 통하여 하나가 되었고 그 위에 죽음이 형벌로 부어졌습니다. 쏟아진 죽음의 형벌을 우리는 받지 않고(받으면 영원히 죽게 됨으로), 예수님께서 다 받으셨기에 더 쏟아질 형벌이 없는 상태에서 예수님께서 살아나셨습니다. 즉, 죽음의 형벌을 받고 죽음에 대해서 이겨 내셨습니다.[6]

온전하지 않지만 이해를 돕기 위해 예를 들자면, 지갑에는 천원짜리 100장 있는데 1000만원을 지불해야 하는 상황이 있다

---

6. 고전 15:55-57 "사망아 너의 이기는 것이 어디 있느냐 사망아 너의 쏘는 것이 어디 있느냐 사망의 쏘는 것은 죄요 죄의 권능은 율법이라 우리 주 예수 그리스도로 말미암아 우리에게 이김을 주시는 하나님께 감사하노니"

고 해봅시다. 그런데 100억짜리 수표가 들어왔습니다. 그러면 100억짜리 수표만 지불되면 됩니다. 지금 예수 그리스도께서는 우리가 들어있는 죄 값을 치러야 하는 지갑 안으로 직접 들어오셨습니다. 그래서 우리와 연합되어 우리의 죄 값을 대신 하셨습니다. 그냥 예수님 한 분이면 됩니다.

우리는 죄인들입니다. 예수 그리스도께서는 우리의 죄인 된 자리에까지 찾아오셔서 우리와 하나를 이루셨습니다. 우리는 이제 예수님께서 가시는 곳에 가게 됩니다. 예수님께서 십자가에 가셨으면, 우리도 십자가에 간 것이고, 예수님께서 죽으셔서 무덤에 가셨으면 우리도 무덤에 간 것입니다. 또한 예수님께서 부활하시면 우리도 부활하는 것이고, 예수님께서 승천하시면 우리도 하늘에 간 것입니다. 지금 예수님께서는 하늘에 계시며, 또한 그의 영으로 이 땅에도 임하시는 것입니다. 그러므로 우리도 운명적으로 하늘에 속해 있으며, 동시에 이 땅 위에서 하나님의 백성으로 살고 있는 것입니다.

그러나 이것을 반대로 생각할 수도 있습니다. 이젠 예수님께서 우리와 연합하셨기 때문에 우리가 가는 곳에 예수님도 가셔야 합니다. 우리가 이 땅에 있으면 예수님께서도 이 땅에 계셔야 합니다. 만일 우리가 지옥에 가게 되면 예수님께서 지옥에 가셔야 하게 생겼습니다. 이 연합이 끊어져서 우리는 지옥가고 예수님은 하늘로 가시는 일은 결코 발생하지 않습니다. 이것이 바로 예수님께서 우리와 연합하여 세례를 받으신 의미이며, 우리가 예수 그리스도의 이름으로 세례를 받은 효력입니다.

이것을 인식하는 것이 구원의 확신을 든든히 해줄 것입니다.

그리고 이 확신이, 이 진리가 우리를 자유케 할 것입니다. 이것을 하면 구원을 받고, 안하면 못 받는 것이 아닐까? 하는 노예와 같은 태도를 가질 이유가 없습니다. 진리가 너희를 자유케 하리라는 말씀처럼, 자유롭게 판단하고, 담대히 충성하여 악의 세력에 승리하는 경험을 맛보며 기쁨과 감사가 넘치는 삶을 살아가는 것이 신자들의 특권입니다. 이 특권을 누리시길 바랍니다.

# 제**13**장

광야로 가시는 예수님

**마태복음 4장 1절**

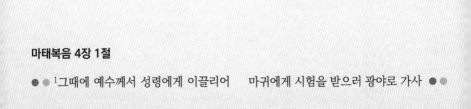

●●¹그때에 예수께서 성령에게 이끌리어   마귀에게 시험을 받으러 광야로 가사 ●●

δεκατρεῖς

　예수 그리스도께서 요한에게 세례를 받으셨습니다. 이때 성령
께서 임하셨으며 "내 사랑하는 아들"이라는 음성이 들렸습니다.
이는 예수 그리스도께서 구약에 예언된 메시야며 왕이시라는
인준을 받으시는 장면입니다.

　그런데 이 대관식을 죄인의 세례를 받으시는 것으로 시작하는
이유는 죄인과 끝 날까지 임마누엘(하나님이 우리와 함께 하심) 하시기
위해 우리와 연합되어야 하기 때문입니다. 이제 우리는 예수 그
리스도와 연합되었기에 그분이 가시는 곳에 함께 가며, 또한 예
수 그리스도께서 우리가 가는 곳에 언제나 함께 가실 것입니다.

## 성령의 인도하심

오늘의 본문은 예수님께서 광야에 나가서 시험을 받으시는 사건을 기록하고 있습니다. 흔히 이 사건을 수동적으로 마귀에게 이끌려 시험을 받으신 것으로 생각합니다. 그렇지만 이것은 성경 본문을 자세히 보지 않은데서 오는 인상일 뿐입니다.

마4:1그때에 예수께서 성령에게 이끌리어 마귀에게 시험을 받으러 광야로 가사

1절을 잘 살펴보면 예수 그리스도를 광야로 이끌고 나간 것은 마귀가 아니라 성령님이셨음을 알 수 있습니다. 이에 대한 병행 본문들에서도 동일한 증언을 볼 수 있습니다.

눅4:1예수께서 성령의 충만함을 입어 요단강에서 돌아 오사 광야에서 사십 일 동안 성령에게 이끌리시며 2상마귀에게 시험을 받으시더라.
막1:12성령이 곧 예수를 광야로 몰아내신지라

이처럼 예수님께서 광야로 나가신 것은 결코 마귀에게 이끌려 다니신 것이 아닙니다. 성령님께서 예수님의 마음 가운데 그렇게 하도록 강력하게 역사하셔서 광야로 가도록 하신 것입니다. 그래서 마가복음에서는 '성령님이 몰아내셨다'고 까지 표현하고 있습니다.

## 광야로 진격하심

그렇다면 예수님께서는 왜 광야에 나가지 않으면 안 되는 것일까요? 그 이유는 예수님께서 왕으로 등극하셨기 때문에 사단의 세력에 대해서 적극적인 선재 공격을 하시는 것을 의미합니다. 드디어 구약에서 예언된 새로운 왕이 오셨기 때문에 이제 하나님 나라를 회복하시는 메시야 전쟁을 시작하시는 것입니다. 지난번에 살펴보았던 미가서 5장을 다시 한 번 보도록 하겠습니다.

미5:1딸 군대여 너는 떼를 모을지어다. 그들이 우리를 에워쌌으니 막대기로 이스라엘 재판자의 뺨을 치리로다(표준새번역: 군대의 도성아, 군대를 모아라! 우리가 포위되었다! 침략군들이 몽둥이로 이스라엘의 통치자의 뺨을 칠 것이다) 2베들레헴 에브라다야 너는 유다 족속 중에 작을지라도 이스라엘을 다스릴 자가 네게서 내게로 나올 것이라 그의 근본은 상고에, 태초에니라 3그러므로 임산한 여인이 해산하기까지 그들을 붙여 두시겠고 그 후에는 그 형제 남은 자가 이스라엘 자손에게로 돌아오리니 4그가 여호와의 능력과 그 하나님 여호와의 이름의 위엄을 의지하고 서서 그 떼에게 먹여서 그들로 안연히 거하게 할 것이라 이제 그가 창대하여 땅 끝까지 미치리라 5이 사람은 우리의 평강이 될 것이라 앗수르 사람이 우리 땅에 들어와서 우리 궁들을 밟을 때에는 우리가 일곱 목자와 여덟 군왕을 일으켜 그를 치리니 6그들이 칼로 앗수르 땅을 황무케 하며 니므롯 땅의 어귀를 황무케 하리라 앗수르 사람이

**우리 땅에 들어와서 우리 지경을 밟을 때에는 그가 우리를 그에게서 건져내리라**

이 미가서 본문은 이스라엘의 멸망을 예언하는 동시에 메시야를 통한 회복의 메시지를 주고 있습니다. 지금은 왕이 점령군에게 뺨을 맞으면서도 반항할 수 없는 비참한 상황이지만 베들레헴에서 태어나는 다스릴 자, 이 왕은 근본 자체가 하늘에서 보낸 왕인데, 이분이 오시면 하나님 나라가 회복될 것이라는 말씀입니다.

더 나아가서 하나님 나라를 공격하는 자들에게 강력한 응징을 약속하고 있습니다. 그 침략자들의 본토까지라도 초토화 시키실 것이라고 예언하고 있습니다. 이 예언대로 예수님께서 메시야 왕으로 오셨습니다. 그렇기에 예언에 따라서 사단의 세력을 부수는 전쟁을 위해서 광야로 가신 것입니다.

이 전투에서 마귀는 예수님을 여러 가지 꾀로 시험해 보았습니다만 오히려 예수님께서 얼마나 강력한 분이신지를 확인하고는 도저히 더 어떻게 할 수가 없음을 보고 일단 도망갔습니다. 본문에서는 예수님께서 깜짝 놀라셔서 '사단아 물러가라'고 호통을 치시면서 쫓아 버리신 것 같이 이해될 수 있습니다. 하지만 그렇게 보면 시험을 허락하셨던 모습과 뭔가 부자연스럽게 됩니다. 세 번째 시험에 가서야 사단이 시험하고 있다는 것을 눈치 채고 그 때에야 급히 사단을 물리치셨다는 이야기가 된다는 말입니다.

그러나 그것이 아닙니다. 예수님께서는 이미 사단의 시험임을 아셨습니다. 모르실리가 없으십니다. 그러므로 이것은 사단의 시험을 받아주신 분이 화들짝 놀라서 쫓아 보내셨다고 보기보다는

'너는 올 데까지 다 왔다. 이 이상은 더 갈 데가 없다. 그렇지 않느냐? 이제는 가거라.' 하는 말씀입니다. 사단으로서는 힘을 다한 세 번의 공격이었던 것입니다.

이것은 역사 안에서 여러 번 성공을 거두었던 방법이었습니다. 이와 관련하여서는 앞으로 좀 더 자세히 이야기 하겠습니다. 아무튼 마귀는 직접적인 정면 대결에서 참패를 당했습니다. 자신의 한계를 넘어서서 더 이상 예수님을 시험할 수조차 없게 되었습니다.

예수님께서는 이 후로도 지속적으로 당신의 나라를 회복하시기 위하여 사단과 귀신의 세력이 고통과 암매로 압제하고 있는 곳에 두루 다니시면서 제압하셨고, 여기에 대해 악한 세력들은 계속해서 쫓겨 가면서라도 반항하고 갖가지 수를 동원하여 예수님의 사역을 방해하였습니다. 그러다가 최후에는 사단의 최고의 무기인 사망을 쏘았던 것입니다.

## 마귀에 대하여

'사단'이라고도 하고 '마귀'라고도 하는 존재에 대해 좀 살펴보도록 하겠습니다. 마귀는 하나님을 반역한 천사입니다. 옛날에는 하나님의 천사로 있었지만 하나님을 반역하고 난 뒤에는 하나님을 믿는 사람들이나 하나님을 의지하고 사는 사람들을 어떻게든지 못 믿게 하고, 하나님을 의지하지 못하게 하려고 가서 꾀는 자입니다.

오늘 본문에서는 마귀가 직접 예수 그리스도를 대적하려고 나왔지만, 늘 그렇게 직접 사람들을 꾀러 다니는 것은 아닙니다. 그는 하나의 큰 국가와 같은 조직을 유지하고 있다는 것이 성경의 증언입니다.

엡2:1너희의 허물과 죄로 죽었던 너희를 살리셨도다. 2그때에 너희가 그 가운데서 행하여 이 세상 풍속을 좇고 공중의 권세 잡은 자를 따랐으니 곧 지금 불순종의 아들들 가운데서 역사하는 영이라
엡6:12우리의 씨름은 혈과 육에 대한 것이 아니요 정사와 권세와 이 어둠의 세상 주관자들과 하늘에 있는 악의 영들에게 대함이라

이와 같이 악한 세력에 대하여 그냥 단순한 무리로 표현하지 않고 '정사, 권세, 어둠의 주관자, 공중의 권세 잡은 자' 등으로 표현함으로써 이들이 국가와 같은 조직체를 형성하고 있다는 사실을 가르쳐주고 있습니다. 그 악한 세력의 국권조직의 수장이 바로 사단이라고 하는 마귀입니다.

제가 여러 번 강조했지만 여기서도 우리는 하나님 나라의 실재성을 생각해야 합니다. 하나님 나라는 왕권적인 국권조직을 가진 나라입니다. 예수님께서 왕이시고 우리는 그 나라 백성입니다. 그렇기에 국왕을 향하여 충성을 다해야 합니다. 혹시 하나님 나라 백성인 우리보다 사단의 국권조직과 사단의 백성들이 더 충성하고 있다면 큰 문제입니다.

사단은 수장으로서 자신의 수하에 귀신들을 거느리고서 하나님을 반역해 나가는 일을 수행하고 있습니다. 이들은 이 일을 국

가가 통치권자의 휘하에서 일을 수행하듯이 마귀의 휘하에서 일사분란하게 치밀한 공작을 진행시킵니다. 그렇게 하여 사람이 꼼짝할 수 없을 만큼 옥죄어서 넘어뜨립니다. 그렇기에 우리가 예수 그리스도께 의존하지 않는다면 당장에라도 넘어질 수밖에 없습니다.

## 마귀의 계략들 – 속이고

그들의 공작을 잠깐 살펴보면 첫째로 사람이 죄를 지으려할 때 틈을 타서 정욕의 발동을 돕는 공작을 벌입니다. 이 일을 위해서 사람을 속입니다. 예수님께서도 사단을 거짓말하는 자라고 말씀하셨습니다.

요8:44下저는 처음부터 살인한 자요 진리가 그 속에 없으므로 진리에 서지 못하고 거짓을 말할 때마다 제 것으로 말하나니 이는 저가 거짓말쟁이요 거짓의 아비가 되었음이니라

이렇게 속이는 일은 마귀의 아주 강하고 무서운 수단입니다. 사람들이 죄를 좋아하고, 세상을 좋아하고, 허영을 좋아하고, 돈을 좋아하게 하여 그것을 따라 나가는 것이 자신을 행복하게 할 것이라고 속여 자꾸 부채질을 하고, 또 그것을 도와주고 그러다가 넘어지도록 합니다. 심지어 사람들이 현혹되도록 스스로 변하여 광명한 천사인 체하고 나타나기도 합니다.

고후11:14이것이 이상한 일이 아니라 사단도 자기를 광명의 천사로 가장하나니

그러므로 우리는 우리가 본 것을 다 믿어서는 안 됩니다. 경험을 따라 신앙생활을 한다는 것은 참으로 위험천만한 일입니다. 이것이 하나님의 말씀인 성경에 부합하는 진리인가를 늘 생각해야하는 것이지 '내가 봤다, 내가 경험했다'는 것을 기준으로 삼아서는 언제 사단의 휘하로 들어가게 될지 알지 못합니다.

어떤 분이 교회 나간 지 얼마 안 되었을 때에 유명한 이단 목사가 하는 대형 집회에 갔던 이야기입니다. 한 두 시간 동안의 설교 후에 단에서 "성령 받아라 쒜~"하면서 손바닥을 펴고 팔을 장풍 쏘듯이 뻗으니까 마치 장풍이 나오는 것 같이 사람들이 물결 쓸리듯이 넘어가는데, 자신과 몇 명을 빼고는 거의 다 넘어가더랍니다. 자신과 같이 갔던 사람도 넘어 갔는데, 이 이후로 그는 그 이단 교회에 다니게 되었답니다. 그 후로는 '내가 경험했는데'라는 것 때문에 그와 도무지 합리적인 대화가 안 되더랍니다.

이와 같은 예는 얼마든지 있습니다. 우리는 우리 자신을 믿는 자들이 아닙니다. 나의 지식, 나의 경험을 믿을 것이 아니라 성경을 통하여 말씀하시는 하나님의 말씀을 믿어야 합니다.


## 마귀의 계략들 – 가르치고

둘째로는 거짓을 가르칩니다. 디모데전서 4:1을 보겠습니다.

<sup>딤4:1</sup>그러나 성령이 밝히 말씀하시기를 후일에 어떤 사람들이 믿음에서 떠나 미혹케 하는 영과 귀신의 가르침을 좇으리라 하셨으니

성경은 귀신이 가르침을 준다고 경고하십니다. 참 두려운 말씀입니다. 사람에게 무엇을 교육하고, 깨닫게 하고, 알게 하는 귀신의 공작이 있다는 것입니다. 이렇게 해서 사람이 이른바 '귀신의 교리'를 가지고 따르게 됩니다. 이것이 역사적으로 가장 강력하게 드러난 것이 바로 유대인들의 그릇된 메시야관입니다. 그들은 자신들의 전통을 따라 그릇되게 성경을 해석하여 결국에는 예수 그리스도를 죽이는 데까지 나갔습니다.

이것이 무엇입니까? 창세기에 나오는 뱀이 여인의 후손의 뒤꿈치를 물어뜯는 행위, 즉 뱀으로 표현된 사단의 행위가 아닙니까? 유대인들이 왜 이렇게 되었습니까? 예수님의 신성한 일을 '하나님을 모독하는 일'이라고 인식하게 만든 가르침, 곧 귀신의 가르침을 따랐기 때문에 그렇게 되었습니다.

오늘날에도 이런 귀신의 가르침이 참으로 횡행하고 있습니다. 이런 가르침들이 교회 안까지 자꾸 들어오고 있습니다. 성경을 하나님 말씀으로 믿지 않는 자들의 가르침과 예수 그리스도의 하나님 되심과 삼위일체를 부인하는 가르침들이 교회 안으로 침투해 들어오고 있습니다. 또한 하나님 말씀을 바르게 강설하고 가르침 받는 일에 등한시 하도록 만드는 것도 이 귀신의 가르침을 좇는 것입니다. 이것들은 어떤 의미에서 귀신들림입니다.

사회가 어둡고 사람들이 무지할 땐, 이를 이용하여 두려움과

공포로 영향을 미치기 위해, 귀신 들린 사람이 군중들 앞에서 발작하고 발광하게끔 하는 식으로 나타나기도 했습니다. 그러나 사회가 발달할수록 잡귀의 요동이 적어집니다. 대신 겉으로는 멀쩡하고, 심지어 고도한 사상인 것 같이 자신을 포장하면서 하나님 나라를 대적하는 활동을 하는 쪽으로 움직입니다. 하지만 그 뒤에 역사하는 영은 사단의 휘하에서 움직이는 귀신들의 준동이라는 것에서는 과거와 다를 바가 없습니다. 오히려 너무도 세련되고, 인간적 심정에 호소하기 때문에 매우 분별하기 어려워지고 있습니다.

## 사단 세력의 계략과 공작이 존재함

우리는 이러한 현실 위에 서 있음을 기억해야 합니다. 이런 사단의 세력의 전략과 전술에 대해서 어떻게 분별하고 대응해 나가야 할 것인지 진정으로 고민해야 합니다. 우리가 모르는 사이에 속여 놓고, 그 속인 발걸음 저 앞에 걸려 넘어지게 덫을 만들어 놓고 우리를 유혹하고 있습니다. 이 함정에 걸려 넘어진 다음에 우리의 양심에 심각히 상처를 내서, 자기 자신이 더 이상 하나님 나라 백성으로서의 삶을 회복할 수 없도록 포기하게 만듭니다. 이것이 사단과 그의 휘하의 귀신들이 일사분란하게 꾸미고 펼치는 계략입니다.

생각해보면, 어떤 사람이 나름대로 하나님을 믿고, 예수 그리스도를 자신의 왕으로 삼고 살아가겠다고 다짐하고 노력하다가 어느 날 처참하게 무너지는 것이 어찌 아무렇지 않게 일어날 수 있는 일이겠습니까? 죄를 짓고 무너진 사람의 책임을 덜어주거나 면죄부를 주고자 드리는 말씀이 아닙니다. 멀쩡하고 신실한 신앙을 가졌던 사람이 어떻게 저런 모습으로 꼼짝도 하지 못하고, 그의 신자 된 모습과 사명을 완전히 포기해야 할 만큼 심각한 상황에까지 나가게 되겠습니까? 어떤 계략이 없다면 그렇게 기가 막히게 망가질 수 있겠습니까! 여러분이 아무도 없는 곳에 있는 것이 아닙니다. 적진 한 가운데 보내진, 이리 가운데 보내신 것 같다고 말씀하실 만큼 대적들에게 둘려 쌓여 있는 것임을 명심하시기 바랍니다.

그렇기에 늘 깨어서 이러한 사단의 세력이 옭아매려는 기획과 공작을 알아볼 수 있어야 합니다. 우리 안에 죄에 대한 두려움을 가지고 늘 주의해야 합니다. 조금의 틈도 보여선 안 됩니다. 자신의 의식과 무의식 모두가 깨어 있기를 간절히 바라고 노력해야 합니다. 혹여 죄에 대한 동경이나 유혹됨을 사단의 세력에 들키면, 조만간 저들은 그것을 놓치지 않고 그 곳에 함정을 파 놓을 것입니다.

또한 이들은 심지어 성경까지도 이용하는 용의주도함을 보입니다. 율법주의적인 성경이해는 사단의 세력들이 신자들을 향해 자주 사용하는 무기입니다. 이를 이겨 나가려면 바른 말씀 위에 거해야 합니다. 성경이 고도한 인격자이신 하나님께서 우리를 사랑하셔서 주신 말씀임을 이해해야 합니다. 이런 바른 말씀 위에서 늘 기도로 분별해야 합니다. 그리고 예수님께서 사단의 시험을 받으심을 통해 사단의 기본 전략과 전술에 대해서 잘 알아야 합니다. 적을 알고 나를 알아야 승리할 수 있습니다.

감사한 것은 성경은 우리에게 적에 대해서도 상세히 알려 주고 계시며, 동시에 나에 대해서도 알려주십니다. 또한 성령님께서는 우리를 늘 살피시며, 눈동자처럼 보호하고 계십니다. 그렇기에 위험한 것도 사실이지만, 강력한 보호막과 지원군이 존재하기에 자신이 자신의 욕심을 좇아 내달리지 않는다면, 그 마음을 지킨 다면 든든히 서 있을 수 있는 자들이 또한 신자들입니다.

# 제**14**장

예수님은 왜 시험을 받으셔야만 했나?

**마태복음 4장 1-4절**

● ● <sup>1</sup>그때에 예수께서 성령에게 이끌리어 마귀에게 시험을 받으러 광야로 가사 <sup>2</sup>사십 일을 밤낮으로 금식하신 후에 주리신지라 <sup>3</sup>시험하는 자가 예수께 나아와서 가로되 네가 만일 하나님의 아들이어든 명하여 이 돌들이 떡덩이가 되게 하라 <sup>4</sup>예수께서 대답하여 가라사대 기록되었으되 사람이 떡으로만 살 것이 아니요 하나님의 입으로 나오는 모든 말씀으로 살 것이라 하였느니라 하시니 ● ●

δεκατέσσερα

사단의 세력은 그 나름의 권력 구조를 가지고 있는 국가로 존재하고 있다고 성경이 밝혀주고 있습니다. 이 사단의 나라는 실재적인 나라입니다. 그 나라의 전략은 진리를 속이고, 거짓을 가르치는 것입니다. 여기에 아담이 속았습니다. 또한 유대인들이 넘어졌습니다. 아담은 선악을 알게 하는 나무의 실과를 먹고도 죽지 않은 하와라는 증거를 통해서 속았습니다. 유대인들은 구약 성경을 가지고 있었으나 이것을 인격자이신 하나님의 말씀으로 이해하기 보다는 종교적인 문헌으로만 생각했습니다. 그래서 거기에 자신들의 생각을 가미하였고, 그 결과 하나님의 독생자를 죽이도록 만든 귀신의 가르침이 되었습니다.

이 두 사건을 살펴보아도 사단의 활동이 더욱 커지고 강력해졌다는 것을 알 수 있습니다. 이런 사단의 나라는 세상의 종말로 치달으면서 더욱 기승을 부릴 것입니다. 더욱 강력하게 예수 그리스도와 그의 백성들을 대적해 나갈 것입니다. 이것을 가르쳐주는 것이 바로 요한계시록입니다. 여기 보면 사단과 그의 수하 귀신들, 그리고 사단에게 순종하는 사단에 속한 자들이 하나님께 거대하고 강력한 반역의 전쟁을 일으킬 것을 예언해 주고 있습니다.

이처럼 실재적이고 강력한 사단 나라의 도전 앞에 우리는 어떻게 서 있어야 합니까. 늘 깨어 있어야 합니다. 먼저 기억할 것은 그들은 더 이상 하나님의 백성들에게 직접적인 공격을 가할 수 없다는 것입니다. 아직 세상의 권세를 잡고 있는 자로서 세상의 힘과 권력을 이용하여 우리를 속이고 겁주고 있을 뿐입니다. 말하자면 '공갈 협박단'입니다. 그들은 온갖 술수를 써서 우리를 넘어뜨려서 우리가 하나님 나라 백성으로 살아가지 못하게 만들려고 하고 있습니다. 그러므로 이런 사단의 세력에 대항하는 방법은 오직 하나님의 말씀에 대해 더욱 흔들리지 않는 믿음을 갖는 것입니다. 하나님의 말씀을 배우고 살펴서 하나님의 말씀이 참되심을 확인하는 가운데 더욱 깊이 믿어야 사단 나라의 공격을 막을 수 있습니다.

## 광야에서의 금식

본문을 보겠습니다. 1절을 보면 예수님께서 광야로 나가셨습니다. 요단강에서 세례를 받으시고 유대 땅으로 더 들어가면 그곳은 산들이 있고 바위가 있는 험한 곳입니다. 바위와 산과 모래밭과 돌만 가득하고 나무도 별로 나지 않고 풀도 많지 않은 아주 거친 곳입니다. 예수님은 그러한 곳으로 들어가서 40일을 계셨습니다. 이곳에서 당신의 메시야 사역에 대해 깊은 생각과 기도를 하셨습니다. 그렇게 계시는 동안에 금식을 하셨습니다.

하지만 이것은 고행을 하신 것을 말하는 것이 아닙니다. 생각과 기도를 하시느라고 하신 금식입니다. 세상과 따로 서 계시면서 당신의 사역에 대해서 깊이 있게 사고하셔야 했기에 광야로 가신 것이고, 또한 그 일을 위해서 전심으로 하시려니 자신의 생존에 대해 자신이 돌볼 수 없기에 하신 금식입니다. 자신의 생존에 대해서 전적으로 하나님께만 의존하고 계셨습니다. 이 것이 모든 금식의 의미입니다. 기독교 일부의 사람들이 자꾸 금식을, 고행을 통한 능력 배양 수단으로 생각하는 것은 비기독교적인 가르침이며, 예수님이 행하신 금식에 대한 오해입니다.

광야란 어떤 곳일까요? 먹을 것이 없고, 인간적인 어떠한 도움도 없는 곳입니다. 오직 하나님만 믿고 살아야 하는 곳입니다. 물론 인간은 언제나 하나님만 의지하고 살아야 하지만 실제로 그렇게 사는가, 살지 않는가가 분명하게 드러나는 장소가 바로 광야입니다.

본문은 예수님께서 금식 후에 주리셨다고 증언하고 있습니다. 예수님은 지금 연약한 인간으로 서 계십니다. 광야에서 아무런 도움도, 수단도 갖지 못한 굶주린 한 인간으로 서 계십니다. 이런 상황에서 마귀가 예수님을 시험하고자 왔습니다. 가장 힘들고 연약할 때 예수님을 무너뜨리기 위해서 나왔습니다. 이 상황에서 하나님을 의지하기보다 예수님 자신을 의지해서 신성적인 능력을 사용하게 만들려는 것이 바로 마귀의 전략이고 시험의 내용입니다.

그러나 예수님께서는 이처럼 연약한 상태에서 마귀의 시험을 받으시고 능히 승리하셨습니다. 모든 인간과 동일한 상태에서, 아니 그보다 훨씬 어렵고 힘든 상태에서 마귀의 시험을 받으신 것이고 승리하셨습니다.


## 첫 사람 아담이 받은 에덴에서의 시험

이 시험은 두 가지 배경을 가지고 있습니다. 첫 번째는 아담과 하와가 에덴동산에서 사단에게 시험받는 것이고, 두 번째로는 이스라엘 백성이 출애굽 하여 광야 생활을 통해 시험을 받는 것입니다.

아담과 하와가 타락하는 장면이 이 시험의 역사적인 배경이 되는 이유는 예수님께서 인류를 대표하시는 둘째 아담이기 때문입니다. 둘째 아담이신 예수님께서는 첫째 아담의 죄로 말미암은 타락을 회복하러 오신 분입니다. 그렇기에 당연히 첫째 아담이 받았던 시험과 본질적으로 동일한 시험을 받으셔야만 하는 것입니다. 우리가 잘 알고 있듯이 아담과 하와가 시험을 받았던 장소, 에덴동산은 먹을 것이 풍부하고, 살기 좋은 낙원이었습니다. 이곳에서 인간은 시험을 넘어가지 못하고 하나님을 배반하고 타락하게 되었습니다. 그러고도 아담은 환경을 탓했습니다. 하나님이 주신 여자 때문에 죄를 지었다고 여자 탓을 했고, 하나님 탓을 했다는 것을 기억해 보십시오.

여기서 잠깐 아담이 지은 죄, 선악을 알게 하는 나무의 실과를 따먹은 죄에 대해서 생각해 보아야겠습니다. 선악을 알게 하는 나무의 실과를 따먹는다는 것은 선악을 알게 하는 힘을 얻는다는 의미로 볼 수 있습니다. 그렇다면 아담은 선악조차 분별하지 못하는 미련하고 저급한 수준 밖에 안 되었다는 말입니까? 하나님께서 아담에게 땅을 정복하고 다스리라고 명령하셨는데, 선악조차 분간을 못할 만한 인식을 주고서 다스리라고 하시지 않으셨을 것입니다.

이 명령을 잘 봐야합니다. 여기서 선악을 알게 하는 것은 나무 자체입니다. 그런데 나무의 실과를 통해 지혜롭게 되려고 한 것은 뱀의 꾐에 의해서 생긴 생각입니다. 이 생각으로 인하여 하나님의 금령을 거스르면서 그 실과를 먹은 것입니다. 그리고 그것은 선악을 알기 위해서가 아니라 선악의 결정권을 독립적으로 가질 수 있기를 원함입니다.

선악의 결정권은 곧 법의 제정을 의미하는 것이고, 왕이신 하나님께서 하시는 일인 것입니다. 그런데 인간들이 선악의 결정권자가 되겠다는 것은 아담과 하와가 인식을 했든지 못했든지, 반역 행위입니다. 이것이 아담이 에덴에서 받게 된 시험의 내용입니다. 이를 비하하며, '그깟 사과 하나 따먹었다고 이런 형벌을 내렸다니' 라는 식의 조소는 무식함에서 비롯된 것입니다. 왕권에 대한 도전이며, 하나님의 아들이면서 사단과 함께 반역의 무리가 된 것입니다. 이는 마땅히 사형에 해당되는 죄이기에 죽을 수밖에 없는 것입니다. 그리고 이것이 우리 모두의 죄의 근원이며 핵심입니다. 이것을 가리키기 위해서 '원죄'라는 표현을 쓰고 있는 것입니다.


## 이스라엘이 받은 광야 시험

그리고 두 번째 배경인 출애굽 때의 광야 생활은 예수님께서 광야에서 시험 받으시는 것과 흡사한 이미지를 담고 있습니다. 이것은 예수님의 말씀 속에서 발견됩니다. 예수님께서는 마귀의 시험에 대해 답을 하실 때에 구약의 신명기 6-8장에 있는 말씀으로 답을 하셨습니다. 이 신명기 6-8장은 이스라엘이 40년 광야 생활 속에서 시험을 받던 것을 회상하는 부분입니다. 그 중 일부분을 보겠습니다. 신명기 8:2-3입니다.

신8:2네 하나님 여호와께서 이 사십 년 동안에 너로 광야의 길을 걷게 하신 것을 기억하라 이는 너를 낮추시며 너를 시험하사 네 마음이 어떠한지 그 명령을 지키는지 아니 지키는지 알려 하심이라 3너를 낮추시며 너로 주리게 하시며 또 너도 알지 못하며 네 열조도 알지 못하던 만나를 네게 먹이신 것은 <u>사람이 떡으로만 사는 것이 아니요 여호와의 입에서 나오는 모든 말씀으로 사는 줄을 너로 알게 하려 하심이니라</u>

광야 40년은 이스라엘을 낮추시고, 시험하신 것입니다. 왜 이런 어려움을 주시는 것인가? 혹시 지금 하나님께서 이들을 어디로 인도해야할지 몰라서 뱅뱅 돌리고, 고생스러운 길로 헤매고 계시는 것인가? 아니면, 지금 앞으로 나가야 하는데 거기에 하나님보다 더 힘이 센 존재가 막고 있어서 하는 수 없이 백성들을 광야에 붙잡아 놓고 계시는 것인가? 그런 것이 아니라 그들의 마음이 어떠한지를 알려고 이렇게 하셨다는 말씀입니다. 정말 하나님의 명령을 지킬 마음이 있는지, 아닌지 확인을 시켜주신 것이라는 말씀입니다. 이걸 위해서 만나를 주신 것입니다.

이를 좀 더 구체적으로 이해하기 위해 다른 곳을 더 보아야겠습니다. 지금 신명기 6-8장의 말씀은 출애굽기 16장에 기록된 역사에 대한 회고입니다.

출16:2이스라엘 온 회중이 그 광야에서 모세와 아론을 원망하여 3그들에게 이르되 우리가 애굽 땅에서 고기 가마 곁에 앉았던 때와 떡을 배불리 먹던 때에 여호와의 손에 죽었더면 좋았을 것을 너희가 이 광야로 우리를 인도하여 내어 이 온 회중으로 주려 죽게 하는도다

이 출애굽기 16장 바로 전 장, 출애굽기 15장은 놀랍고 감격적인 사건, 홍해를 맨 땅으로 건너간 사건이 나옵니다. 그곳에서 이들은 바다를 육지와 같이 걸어서 건넜고, 그 뒤를 따르던 애굽 군대는 모두 물속에 수장됨을 보았습니다. 얼마나 놀라고 위대한 경험입니까? 그런데도 이들은 곧바로 16장에서 배고파서 못살겠다고 아우성을 칩니다. 인간이 어떤 존재인지를 여실히 보여 주는 장면입니다. 일이 잘 되는 것 같으면 신나서 덩실

덩실 춤을 추며 하나님을 찬양하지만 어려움이 오면 금방 하나님을 원망하고, 더 나가서는 하나님이 계심을 의심하는 저들과 우리는 다를 것이 없습니다.

이런 이스라엘 민족의 태도에 대해 하나님께서는 긍휼을 베푸시고 불평하는 그들에게 하늘에서 내리는 신비한 양식인 만나를 내려 주시겠다고 약속하십니다. 우리 하나님께서 얼마나 은혜로우신 분입니까? 인간 같았으면 구원을 베푼 자신에게 불평하고 욕을 한다면 그 자리에서 다 처단했을 것입니다.

그런데 이 약속에 덧붙인 말씀이 의미심장합니다.

**출16:4때에 여호와께서 모세에게 이르시되 보라 내가 너희를 위하여 하늘에서 양식을 비같이 내리리니 백성이 나가서 일용할 것을 날마다 거둘 것이라 이같이 하여 그들이 나의 율법을 준행하나 아니하나 내가 시험하리라**

먹을 것을 내려주신 다음에 율법을 잘 지키는지 보시겠다는 말씀이 무슨 뜻입니까? 이스라엘 백성들이 지금 율법을 지키고 있다는 것입니까, 못 지키고 있다는 것입니까? 못 지키고 있다는 것입니다. 그 이유가 무엇입니까? 이스라엘 백성은 '우리가 배가 부르면 죄를 짓지 않고 하나님의 율법을 잘 지킬 수 있는데, 배가 고파서 율법을 지키지 못하고 죄를 짓고 있다'고 핑계하고 있습니다. 그래서 이에 대하여 하나님께서는 이스라엘 민족에게 먹을 것을 풍족히, 비같이 내려주신 다음에 하나님의 법을 지키는지 보시겠다고 하셨습니다. 새벽에는 만나를 내려주시고, 저녁에는 메추라기를 내려 주시어 이스라엘 백성에게 부족함이 없게 하셨습니다.

그런데 결과는 어떻게 되었습니까? 이스라엘은 결국 광야 시험을 통과하지 못하고 실패하였습니다. 갈렙과 여호수아 이외에는 모두 광야에서 벗어나지 못하고 40년 동안 헤매다가 다 죽었습니다. 사람은 배고파서 죄를 짓는 것이 아니라 본성이 이미 타락하여 죄를 좋아한다는 것이 분명하게 증명된 것입니다.


## 우리의 시험을 체휼하심

이 두 사건을 통해 인간은 환경 때문에 죄를 짓는 것이 아님을 확인하게 됩니다. 환경 때문에 죄를 짓는다고 생각하는 것은 순전히 우리의 오해이며, 억지입니다. 하나님 앞에 제대로 살지 않을 때 늘 핑계를 대는 것이 무엇입니까? 하나님께서 이것저것을 안 주시니까 할 수 없어서 하나님 말씀대로 못산다고 하고 있지 않습니까? 하나님께서 이렇게 저렇게 해주시면 분명히 제대로 그리스도인답게 살 수 있을 텐데 하나님께서 그걸 주시지 않아서 내가 이 모양 이 꼴로 살고 있다고 핑계를 대고 있지 않습니까? 이것이 바로 아담의 핑계요, 이스라엘의 억지입니다.

이와 반대로 예수님께서는 온전히 100% 인간으로서 가장 최악의 조건 속에서 그 시험을 이기셨습니다. 이것으로 과거의 대표자들인 아담과 이스라엘의 실패가 환경 때문도, 배고픔 때문도, 하나님 때문도 아니라, 그들이 하나님을 믿지 않고 전적으로 의존하지 않았기 때문이었음이 분명해졌습니다.

하지만 예수님께서 시험에 승리하신 모습은 이것만 보여주시는 것은 아닙니다. 히브리서 4:15-16입니다.

히4:15우리에게 있는 대제사장은 우리 연약함을 체휼하지 아니하는 자가 아니요 모든 일에 우리와 한결같이 시험을 받은 자로되 죄는 없으시니라 16그러므로 우리가 긍휼하심을 받고 때를 따라 돕는 은혜를 얻기 위하여 은혜의 보좌 앞에 담대히 나아갈 것이니라.

예수님께서 연약한 인간으로서 이 시험을 이기셨다는 것으로써 상대적으로 인류의 죄성이 더욱 크게 드러납니다. 그러나 그보다는 우리와 동일한 성정을 가지시고 우리와 동일한 시험을 받으심으로써 인간을 더욱 깊이 이해하심으로 더 깊은 긍휼을 갖게 되셨습니다. 그리하여 더 큰 은혜를 베푸실 것입니다. 당신께서 경험하셨기 때문에 우리의 사정을 아신다는 말씀입니다.

인간이란 연약한 존재라는 사실을 친히 경험하심으로 아시기에 우리의 연약함을 예수 그리스도께 가지고 나갈 수 있습니다. 이 사건이 아니었다면 인간은 하나님께 그 죄를 들고 나갈 수 있다는 것을 감히 상상도 할 수 없었습니다. 아무리 하나님께서 받아 주시고, 용서해 주신다고 말씀하셨어도 두려움으로 인해 그리하지 못했을 것입니다.

그러나 이제 예수님께서 우리와 동일한 연약함을 체휼하셨다는 사실이 우리에게 담대함을 주어 은혜의 보좌 앞에, 하나님의 보좌 앞에 나아갈 용기를 줍니다. 우리 삶의 무수한 문제들은 사실 하나님 앞에 내어 놓기 부끄럽고, 어리석고, 죄악된 것들입니다. 그럼에도 이를 긍휼히 여기시고, 불쌍히 여기셔서 우리를 하나님 앞에서 변호해주실 예수 그리스도께서 계십니다. 그렇기에 우리는 하나님 앞에 꺼내놓지 못할 것이 없습니다. 담대히, 늠름히, 씩씩하게 그리고 뻔뻔스럽게 꺼내 놓을 수 있습니다. 이것이 신자의 특권입니다.

제**15**장

사단, 예수님의 건강과 사역을 걱정하다?

## 마태복음 4장 1-4절

●●¹그때에 예수께서 성령에게 이끌리어 마귀에게 시험을 받으러 광야로 가사 ²사십 일을 밤낮으로 금식하신 후에 주리신지라 ³시험하는 자가 예수께 나아와서 가로되 네가 만일 하나님의 아들이어든 명하여 이 돌들이 떡덩이가 되게 하라 ⁴예수께서 대답하여 가라사대 기록되었으되 사람이 떡으로만 살 것이 아니요 하나님의 입으로 나오는 모든 말씀으로 살 것이라 하였느니라 하시니 ●●

*δεκαπέντε*

하나님의 아들이라고 할 수 있는 아담과 이스라엘은 그 풍성한 환경 속에서도 시험에 통과하지 못하였습니다. 반면에 예수님께서 광야 시험에 승리하시는 장면은 이와 대조를 이룹니다. 이로써 인간이 결코 환경 때문에 시험에 넘어지는 것이 아님을 보여주셨습니다. 그렇기에 우리는 우리의 죄에 대해 더 이상 환경의 핑계를 댈 수 없다는 것이 분명해졌습니다. 그러나 예수님께서 시험을 받으시는 궁극적인 이유는 죄가 없으시면서 우리와 동일한 성정을 가지시고 인류의 새로운 대표자가 되시기 위함입니다. 인류는 이 새로운 대표를 따라서 죄의 권세로부터 구원을 얻습니다.

우리 주님께서 이 광야의 전투를 통하여서 사단을 제압하시는 장면은 그 사건을 바라보는 자들에게 큰 은혜를 끼칩니다. 그 은혜가 무엇이냐 하면 바로 사단의 전략과 전술을 파악할 수 있다는 것입니다. 예수님께서 받으신 시험은 사단이 할 수 있는 아주 고도화된 공격입니다. 그런데 예수님께서 이 시험의 내용을 간파하시고 이기셨습니다. 그렇기에 우리가 이 시험의 내용을 잘 살펴본다면 사단이 우리를 어떻게 공격해 들어오는지 알고 사단의 공격을 분별하며, 또한 이길 수 있는 답을 얻게 됩니다. 그러므로 지금부터 예수님께서 받으신 시험을 하나하나 자세하게 살펴보도록 하겠습니다.


## 인성을 가지신 예수 그리스도

예수님께서 시험을 받으시는 광야는 인간에게는 가장 불리하고 무기력한 공간입니다. 물도 흔치 않고, 별다른 도움도 없고, 위험과 고통이 존재하는 곳입니다. 더욱이 예수께서는 깊은 사색과 기도를 위하여 40일이라는 긴 기간 동안 금식하셨습니다. 이제 메시야로서의 사역에 대한 깊은 사색을 끝내는 시간이 왔습니다.

마4:2 **사십 일을 밤낮으로 금식하신 후에 주리신지라**

예수님께서는 금식하신 후 이기에 몹시 배가 고프셨습니다. 예수 그리스도는 100% 하나님이시고, 또한 100% 인간이시기도 합니다. 이것은 예수님께서 우리와 동일한 인간적인 연약성을 가지고 계시다는 것입니다. 우리의 연약함을 경험하셨습니다. 우리가 배고픔을 느끼는 것과 동일하게 배고픔을 느끼시고, 또한 그러하기에 배고픔 속에서 먹을 것에 대한 욕구가 큽니다. 너무 쉽게 예수님은 하나님이시기에 이런 배고픔은 큰 문제가 되지 않을 것이라고 생각하지 말아야 합니다. 그러면 우리의 연약함을 경험하셨다는 말씀이 무의미합니다. 예수님께서는 실제로 배가 몹시 고프십니다.

마4:3시험하는 자가 예수께 나아와서 가로되 네가 만일 하나님의 아들이어든 명하여 이 돌들이 떡덩이가 되게 하라

이렇게 어려움 가운데 계시는 예수님께 사단이 나왔습니다. 그리고는 돌로 떡을 만들어 먹으라고 말합니다. 우리말 성경에서는 좀 오해하기 쉽게 번역된 부분이 있는데 원문의 뜻을 좀 분명히 해야 할 필요가 있습니다. 한글개역성경은 "네가 만일 하나님의 아들이어든" 이렇게 번역되어 있어서 사단이 의심을 유도하는 질문을 던진 것 같이 되어 있습니다. 그러나 원문의 의미는 '당신은 하나님의 아들이므로' 에 가깝습니다. 하나님의 아들이심에 대하여는 의심의 여지가 없습니다. 이미 하늘에서 하나님의 목소리로 선언 되었고, 성령님께서 임재 하셨기에 이것을 문제시 할 것이 없습니다.

오히려 사단은 이 부분에서 이렇게 말한 것입니다. "당신은 하나님의 아들이십니다. 바로 얼마 전에 세례를 받으실 때에 하나님께서 친히 '내 사랑하는 아들'이라고 말씀해 주시질 않았습니까." 세 번의 시험 중에 두 번의 시험이 이렇게 시작하며, 마

지막 시험은 하나님의 아들이심을 전제하고 있기에 제안하는 시험입니다. 이처럼 사단은 예수님께서 하나님의 아들 되심에 대해서는 시비를 걸지 않고 있습니다.

그러므로 사단이 지금 '참으로 능력이 있습니까? 어디 한 번 보여 주시죠' 하는 뜻으로 말하고 있는 것이 아닙니다. 이것은 마왕이 자신의 능력을 뽐내다가 파리로 변하자 파리채에 맞아 죽었다는 우화에 등장하는 수준 밖에는 안 되는 시험입니다. 사단 역시 지혜롭기에 그렇게 저급한 수준에서 예수님을 시험한 것이 아닙니다. 아주 교묘하고 고도한 전략을 가지고 예수님을 시험하려고 하는 것입니다. 사단의 계략을 좀 더 상세히 살펴보겠습니다.

## 사단의 충언?

사단은 '당신은 하나님의 아들이십니다. 그래서 그 일을 위해 이렇게 오랫동안 깊은 사색과 기도의 시간을 보내신 것이 아닙니까! 그렇게 깊이 있게 생각하고 깨달으신 것들을 가지고 이제 나아가서 당신에게 속한 많은 백성들을 모으시고, 가르치시고, 구원하셔야 하는데 이렇게 주리시고 피곤하셔서야 되겠습니까? 풍성한 능력으로 저 돌로 떡을 만들어서 잡수시고 기운을 돌우신 다음 하나님의 일을 하십시오.' 라고 말한 것입니다. 어떻게 보면 참으로 좋은 말이며, 진심으로 충고하는 것 같은 의견을 낸 것입니다.

실제로 인간이 음식을 먹고 힘을 얻어 생존하는 것은 하나님께서 내신 이치요, 질서입니다. 그렇기에 굶주림으로 인해 먹을 것을 필요로 하고 양식을 마련하는 것은 당연합니다. 이것을 문제 삼을 것이 없습니다. 그렇다면 뭐가 문제입니까? 쉽게 알기 어렵습니다. 이처럼 사단의 꾐은 영적으로 깨어 있지 않는 사람들로서는 도저히 어디가 문제가 있는 것인지 알 수가 없도록 교묘하게 이루어집니다. 사단은 정당함을 전면에 내세우고, 이것이 문제가 없음을 확신하게 한 후에 이 일을 수행하는 방식을 정당화하고 있습니다.

굶주림을 해결하는 것은 참으로 정당합니다. 하나님께서는 금식을 기뻐하지 않으십니다. 특별한 이유가 있지 않으면 금식하면 안 됩니다. 왜냐하면 먹는 것은 하나님께서 인간을 내실 때에 축복으로 주신 명령이기 때문입니다. 창세 때에 하나님께서는 각종 나무의 실과를 먹도록 명령을 하셨습니다. 먹고서 하나님께서 내신 명령을 수행해야 합니다.

그러나 배고픔으로 인하여 먹을 것을 찾는 것이 정당하다고 해서 배고픔을 해소하는 방식으로 아무 것이나 좋은 것은 결코 아닙니다. 사단은 예수님께서 배고픔을 해결하고 메시야 사역을 감당하는 것이 정당한 것이니 당신의 신적인 능력을 사용하여서 배고픔을 해결하라고 하였습니다. 하지만 예수님께서 당신의 배고픔을 위해서 이 능력을 사용하는 것은 정당한 것이 아닙니다. 왜 정당한 것이 아닌지 이제 살펴보겠습니다만, 만일 성경이 이 일을 사단의 시험이라고 말씀하지 않았다면 우리는 아무것도 모르고 사단의 시험에 그냥 넘어갔을 것입니다. 그만큼 사단의 술책은 교묘합니다.

## 사람이 떡으로만 살 것이 아니다

이런 교묘한 시험을 이길 수 있는 것은 오직 성경 말씀을 따라 역사하시는 하나님의 은혜뿐입니다. 예수님께서는 이런 사단의 계략을 신명기 8장에 기록되어 있는 하나님의 말씀을 인용하시어 물리치셨습니다.

신8:3너를 낮추시며 너로 주리게 하시며 또 너도 알지 못하며 네 열조도 알지 못하던 만나를 네게 먹이신 것은 사람이 떡으로만 사는 것이 아니요 여호와의 입에서 나오는 모든 말씀으로 사는 줄을 너로 알게 하려 하심이니라

그런데 이 말씀은 쉽게 이해되는 것 같지만 모호합니다. 그렇기에 '하나님의 입에서 나오는 모든 말씀'의 뜻을 좀 더 명확히 할 필요가 있습니다. 이것은 '하나님께서 내신 뜻'을 의미합니다. 이렇게 본다면 본문은 '사람이 먹는 것으로 사는 것이 아니라 하나님께서 내신 뜻으로 산다.'는 말입니다.

하나님께서 사람을 내실 때에 아무렇게나 덮어놓고 내시는 것이 아닙니다. 하나님께서 사람을 내실 때에는 그 소임과 사명을 주어서 내십니다. 우리가 어떤 물건을 만들 때에, 성경적인 비유를 들자면 그릇을 만들 때에라도 어떤 그릇은 귀히 쓰기 위해 만들고, 어떤 그릇은 천히 쓰기 위해서 만들지만 그 그릇은 자신의 소임을 다해야 합니다. 이와 같이 사람은 하나님께서 내신 바 그 소임과 사명에 따라서 살아야 합니다. 우리에게 재능과 환경과

시간을 만들어 주시는 것은 이처럼 우리에게 주신 소임과 사명을 바르게 감당할 수 있도록 하기 위해서 주시는 것이지, 우리 자신을 위해서 쓰도록 주시는 것이 아닙니다.

예수님께서는 하나님의 아들이시기에 신성적인 능력이 있으시고, 이것을 사용하시면 우리가 지금 돈을 가지고 떡집에 가서 떡을 사 먹는 것보다도 훨씬 간단하고 쉽게 돌로 떡을 만드실 수 있는 분입니다. 그러나 그것은 하나님의 뜻이 아닙니다. 예수님께서 가지신 신성적인 능력은 자신을 증명하거나 자신을 위해서 쓰도록 되어 있지 않고, 오직 하나님께서 내신 복음을 증거하고 하나님 나라를 도래케 하는 일에만 쓰도록 하셨습니다. 이것이 하나님의 뜻입니다. 예수님 자신을 돌보는 방법은 예수님이라 할지라도 하나님께서 예비하시는 것임을 믿어야 하는 것이지, 자신이 나서서 자신을 위해서 그 능력을 사용하여서는 안 됩니다. 자신에 관하여서는 하나님께만 의존하여 서 있어야 합니다.

## 우리의 필요는 하나님께서 채우심

그런데 사단은 예수님께 '당신은 하나님의 아들이다. 그런 능력과 권세를 가지고 있다. 왜 사용하지 않는가? 너 스스로의 문제를 너 스스로 해결하고 네 필요를 채우라'고 시험한 것입니다. 이것은 예수님께서 당하신 시험이지만 결국 우리도 늘 이 시험 안에 있습니다. '너 자신을 믿어라. 너희 삶의 주인은 너 자신이

다. 너의 필요를 채워 줄 사람은 오직 너 뿐이다. 그러니 너를 위해서 네가 가진 모든 힘을 써라. 너희 행복보다 중요한 것은 없다.' 이것이 바로 사단이 우리를 시험하려고 넣는 생각입니다.

우리에게 어떤 능력이 있든지, 어떤 힘이 있든지, 아니면 돈이 있든지 그것은 다 우리 자신의 것이 아닙니다. 하나님의 것입니다. 하나님께서 그것을 우리에게 주실 때에는 우리가 적당히 알아서 마음대로 쓰라고 주시는 것이 아닙니다. 오직 하나님의 뜻이 있어서 우리를 이런 모습으로 만드셨습니다. 그러므로 우리는 하나님의 뜻 안에서 내게 주어진 달란트를 제대로 활용하여 하나님께서 나를 이 땅에 내신 본의에 맞게 살아가야 합니다.

예를 들자면 우리의 자녀에게 돈을 주면서 '이 돈을 가지고 가서 어떤 책을 사서 읽어라'라고 심부름을 시켰는데 이 아이가 길을 가다가 자기가 필요하다고 생각하는 장난감을 사고, 자신이 좋아하는 과자를 사먹으면 결국 부모님이 사라고 하셨던 책을 못 사게 됩니다. 그러면 이 아이는 아주 잘못한 것이고 부모님께 심하게 꾸중을 듣게 될 것입니다. 부모님이 책을 사오라고 돈을 주었으면 책을 사와야지 다른 장난감을 사거나 군것질을 하면서 내 기분대로 하면 안 됩니다. 그렇게 쓰라고 주신 돈이 아니기 때문입니다. 해야 할 일을 위해서 주신 것이기 때문에 그 명하신 것을 해야 합니다. 내게 필요한 것은 부모가 나를 위해서 더욱 깊이 생각하고 판단하여 그 필요를 채워주는 것입니다.

이와 동일하게 하나님께서 나를 내신 본의를 무시하거나 알지 못함으로 말미암아 자신이 돈을 벌었다고 그것을 '내 돈이다'라고 생각하고 '내가 재주를 가졌으니, 내가 건강을 가졌으니 내 재주이며 내 건강이다'라고 하면서 욕심나는 대로 무엇이든지 자기 마음에 끌리는 대로, 자신의 행복을 위하여 인생의 길을 정하고 나간다면 그것이 바로 사단의 시험에 넘어지는 것입니다. 내 인생의 주인이 나 자신이라고 생각하는 것은 참으로 교만하고 부패한 마음이며, 아담의 죄악입니다.

우리는 모두 이 사단의 속임수에 넘어져 있던 자들입니다. 죄를 죄로 알지 못하고 있던 자들입니다. 그러나 예수 그리스도께서 친히 시험을 당하시고, 승리하심으로 이 사단의 계략을 밝히 드러내셨습니다. 이제는 사단의 전략을 알았습니다. 그러므로 우리는 나를 부르신 하나님의 그 본의가 어디 있는지, 내게 맡기신 소임이 무엇인지, 사명이 무엇인지를 주께 물어서 확인하여야 합니다. 그리고 그 속에 우리의 삶을 드려야 합니다.

여러분 마음에 작정을 하십시오. 내가 나의 능력을 나를 위해서 쓰지 않겠다고 다짐하십시오. 그런 다짐을 한다고 해서 당장 내 능력을 나를 위해 쓰지 않게 되지는 않습니다. 하지만 점점 변화되고, 최소화 됩니다. 또한 이게 나를 위해서 하는 것인지, 사명과 다른 사람을 위해서 하는 것인지를 분별하는 힘이 길러집니다. 지금 하고 있는 공부, 일이 나를 위해하는 것인지, 사명을 위한 것인지 분간하기 어렵지만, 자꾸 노력하고 훈련하면 이 둘의 차이를 확연히 볼 수 있는 눈이 열립니다.

두렵죠. 내가 나를 위해서 살지 않는다면 어떻게 살 수 있을까? 그런데 내가 나를 위해 살지 않는데도 살아지는 놀라운 경험들을 해나가는 것이 영적인 삶입니다. 이것이 영적인 것입니다. 무슨 방언을 하고, 환상을 보고 하는 식의 신비주의적인 경

힘들을 하는 것이 영적인 것이 아닙니다. 내가 나의 필요와 행복을 위해 노력하는 것이 아니라 사명과 다른 사람들을 위해서 힘을 다해 나가면, 내 모든 필요를 채워주신다는 것이 예수님의 약속입니다. 이 약속을 믿고 나가는 것이 믿음입니다.

제**16**장

어떻게 이길 것인가

**마태복음 4장 5-7절**

● ● ⁵이에 마귀가 예수를 거룩한 성으로 데려다가 성전 꼭대기에 세우고 ⁶가로되 네가 만일 하나님의 아들이어든 뛰어내리라 기록하였으되 저가 너를 위하여 그 사자들을 명하시리니 저희가 손으로 너를 받들어 발이 돌에 부딪히지 않게 하리로다 하였느니라 ⁷예수께서 이르시되 또 기록되었으되 주 너의 하나님을 시험치 말라 하였느니라 하신대 ● ●

δεκαέξι

    앞강에서 살펴 본 예수님의 첫 번째 시험은 하나님의 섭리하심과 보호하심을 믿지 않고 자신이 자기 삶의 보장을 위하여 힘을 쓰도록 하는 것임을 확인했습니다. 이 시험은 우리도 동일하게 당하는 시험입니다. 우리에게 있는 자원과 능력은 하나님께서 나를 이 땅에 내신 본의, 사명을 감당하도록 주신 것입니다. 그런데 이 점을 잊고서 나를 위해, 나의 행복을 위해서 사용하도록 끊임없이 유혹받고 있습니다. 아니 이것이 시험이고 유혹인지도 모르고 있습니다. 이제 예수님께서 이 시험의 본질을 알리시고 승리하는 법을 보여주셨음으로 이 유혹과 시험에 대해서 승리할 수 있도록 애써야 합니다.

## 적극적으로 시험을 받으시는 예수님

오늘 본문은 예수님께서 마귀에게 받으신 시험 중에 두 번째 시험에 대한 기록입니다. 마귀는 예수님을 성전 꼭대기로 모시고 갔습니다. 그런데 예수님께서는 왜 마귀를 따라서 성전에까지 가셨을까요? 지금 40일을 금식하시고 고단하신데도 말입니다. 예수님께서 계셨던 곳은 광야이고, 성전까지는 상당한 거리가 있었을 것인데 말입니다.

우리는 마귀가 예수님을 끌고 갔을 것이라고 생각하기 쉽습니다. 그러나 예수님은 하나님의 아들로 이미 선언되신 분입니다. 감히 그렇게 하지 못합니다. 그러면 무엇입니까? 마귀의 청에 예수님께서 자진하여 가신 것입니다. 왜 그러셨을까요? 마태복음 4:1에서 말씀하듯이 성령에 이끌리어 마귀에게 시험을 받으시는 것이 목적이시기 때문입니다. 예수님께서는 마귀의 시험에 적극적으로 응하고 계시는 것입니다. "자기가 시험을 받아 고난을 당하셨은즉 시험받는 자들을 능히 도우시느니라(히2:18)" 이 말씀처럼 예수님께서 직접 마귀의 시험을 당하셔서 마귀의 계략을 밝히 드러내시고 이기시는 본을 보여 우리를 도우시기 위함임이 여기서도 드러나고 있습니다.

## 마귀가 성전 꼭대기로 모시고 간 이유

그런데 마귀는 왜, 예수님을 성전 꼭대기로 모시고 갔을까요?

뛰어내릴 만한 장소는 가까운 곳에도 얼마든지 많았을 텐데, 멀리 있는 성전까지 가자고 한 이유가 무엇인가? 하는 의문이 생깁니다. 허기지신 분을 멀리까지 가자고 했다가 안 가겠다고 할지도 모르는데 말입니다.

그 이유는 유대인들의 메시야 관념 때문이었습니다. 유대인들은 자신들을 구원할 메시야가 오면 맨 먼저 성전에서 자신의 메시야 됨을 선언할 것이라고 믿어 왔습니다. 그래서 성전으로 가시자고 제안하였습니다. 이에 대하여 예수님께서 허락하시고 함께 성전으로 가셨습니다. 사람들이 잘 볼 수 있는 성전의 꼭대기까지 올라가셨습니다. 당신께서도 거기서 메시야 되심을 보여야겠다고 생각하신 것입니다.

성전은 '모리아(시온)산' 위에 위치해 있습니다. 성전의 한 쪽 벽은 절벽으로 되어 있고, 그 아래로는 '기드론'이라는 계곡이 있어서 그 일대를 내려다보면 아주 어지러울 정도로 높습니다. 이렇게 높은 곳에 와서 마귀는 예수님께 뛰어내려서 천사들이 보호하는 것을 보이도록 하시라고 합니다.

당시 성전에서는 희생 제물을 잡기 전에 꼭대기에서 '은 나팔'을 불기 때문에 사람들이 성전 꼭대기를 주목하곤 했습니다. 예수님께서 성전 꼭대기에 오르셨을 때에도 동일하게 많은 사람들이 주목하게 되었을 것입니다. 절벽 아래로 뛰어 내리시면 사람들에게 메시야 되심을 분명히 보이실 수 있을 것이란 제안입니다. 그러면서 마귀는 자신의 제안이 얼마나 타당한지를 보이기 위해 시편 91편의 말씀을 인용합니다. 그러므로 시편 91편을 살펴볼 필요가 있습니다.

## 사단이 하나님의 말씀을 인용함

91편은 이런 말씀으로 시작합니다.

시91:1지존자의 은밀한 곳에 거하는 자는 전능하신 자의 그늘 아래 거하리로다. 2내가 여호와를 가리켜 말하기를 저는 나의 피난처요 나의 요새요 나의 의뢰하는 하나님이라 하리니 3이는 저가 너를 새 사냥꾼의 올무에서와 극한 염병에서 건지실 것임이로다.

하나님께 의존하는 자는 모든 위험과 환난에서 건짐을 받게 될 것이라고 합니다. 그리고 이렇게 하나님을 믿음으로 사는 자는 하나님께서 은혜와 도움을 베푸실 것인데, "천인이 네 곁에서, 만인이 네 우편에서 엎드러지나 이 재앙이 네게 가까이 못하리로다.(시91:7)" 라고 아주 분명한 약속이 나와 있습니다. 또한 오늘 본문에 사단이 인용한 내용도 동일한 약속입니다.

시91:11저가 너를 위하여 그 사자들을 명하사 네 모든 길에 너를 지키게 하심이라 12저희가 그 손으로 너를 붙들어 발이 돌에 부딪히지 않게 하리로다. 13네가 사자와 독사를 밟으며 젊은 사자와 뱀을 발로 누르리로다. 14하나님이 가라사대 저가 나를 사랑한즉 내가 저를 건지리라 저가 내 이름을 안즉 내가 저를 높이리라

여러 가지 구체적인 예를 들어서 하나님을 의존하는 자를 어떤 상황에서라도 안전하게 지키실 것임을 말씀하고 있습니다. 예

수님께서 하나님을 사랑하시고, 하나님께서는 예수님을 아들로서 사랑하시기 때문에 당연히 시편의 말씀과 같이 될 것입니다. 이것이 틀린 것은 아닙니다. 마귀의 말이지만 성경의 말씀이며, 하나님의 약속이기에 분명한 사실입니다.

여기서 마귀가 교묘히 넘어가는 부분은 '왜 뛰어 내려야 하는가?'와 관련되어 있습니다. 마귀는 지금 예수님 자신이 하나님의 아들 되심을 의심케 하고자 하는 것은 아니라고 말씀드렸습니다. 이미 예수님이 하나님의 아들이시라는 것을 인정하면서 접근하고 있습니다.

그러면서 마귀는 충심의 충고를 하듯 하는 것입니다. "'내가 메시야다. 내가 너희를 구원하러 왔다. 자, 내가 여기서 기드론 골짜기로 뛰어내리지만 죽거나 상하지 않게 될 것이다' 라고 하며 뛰어내리신다면 수많은 사람들이 이것을 보고 예수님 당신을 메시야로 인정하게 될 것입니다. 그러면 당신의 말씀을 들을 것이고, 당신을 믿을 것이 아니겠습니까? 메시야 사역의 성공을 이루려면 이처럼 효율적인 방법을 써야하지 않겠습니까? 이것은 시편에서 당신에게 약속하신 말씀이니 분명히 이루어질 것입니다. 제 말이 맞죠?"라고 하면서 다가온 것입니다.

앞에서 보았듯이 예수님께서 사명을 감당하기 위하여 자신의 힘을 써야한다고 응수하시자 이번에는 그럼 그 사명을 이루는 데 성공하기 위해서 효율적인 방법을 쓰는 것이 좋겠다는 조언을 한 것입니다.

## 메시야로 성공하면 끝인가?

———————

물론 하나님께서 주신 사명을 성공적으로 이루기 위해 효율적인 방법을 쓰는 것 자체가 나쁜 것은 아닙니다. 효과적이고 효율적인 방법이 있는데도 불구하고 어리석게 비효율적인 방법을 쓸 필요는 없습니다. 그렇게 되면 우리는 오늘날의 모든 기술을 완전히 버리고 그저 자연으로 돌아가자고 외쳐야 할 것이고, 아무 생각도 하지 말고 살자고 해야 합니다. 그렇기에 오늘도 사단의 말 중에서 어디가 문제인지, 무엇이 시험인지 판단하기가 쉽지 않습니다.

지금 사단은 예수님께 메시야 사역을 수행하는데 성공하기 위한 효과적이고 효율적인 방법을 권하고 있습니다. 아마도 사단의 말대로 한다면 분명히 많은 사람들이 단 한 번에 예수님을 메시야라고 인정했을 것입니다. 그러면 '메시야다, 아니다' 하는 시비가 있을 이유도 없고, 예수님께서 온 유대 땅을 두루 돌아다니실 필요도 없으셨습니다. 아주 효과적으로 메시야로 인정되고, 많은 사람들을 따르게 할 수 있었습니다.

그러나 거기까지입니다. 그런 방식을 통해서 메시야로 인정받게 되면 많은 사람들이 예수님을 믿고 따르게 만드는 데는 성공하지만, 그렇게 해서 믿게 된 이들은 예수님께서 자신들의 죄 때문에 십자가에서 돌아가셔야 한다는 사실에 대해서는 절대로 받아들일 수 없게 됩니다. 예수님께서 자신의 죄를 대속하기 위해 십자가에서 달려 돌아가셨다는 이 복음의 사실을 믿어야 구원을 얻게 되는 것인데, 이것을 믿지 못하는 추종자들을 아무리 많이 만든다고 하여도 하나님께서 보내신 메시야로서의 사명을 감당한 것은 아닙니다.

이 복음의 사실이 얼마나 믿기 어려운 것이냐 하면, 예수님께서 3년 공생애 기간 내내 가르치시고, 직접 자신의 죽음을 예고하시고 부활하실 것임을 말씀하셨는데도 불구하고 제자들조차도 못 알아듣습니다. 또한 부활하신 예수님께서 나타나셨는데도 제대로 이해하지 못하다가 결국 성령께서 오셔서 기억나게 하셨을 때에야 겨우 알아들을 수 있게 될 정도였습니다.

그런데 처음부터 신비한 기적을 베푸는 강력한 메시야, 세상적인 힘을 발휘하고 세상적인 성공을 지향하는 메시야로 자신을 알리셨다면, 예수님을 메시야로 인정은 했을지라도 예수님의 죽음의 의미를 절대로 깨달을 수 없게 인식이 굳어졌을 것입니다. 그렇게 해서는 하나님의 거룩한 기관인 교회의 초석을 놓을 수 없게 됩니다.

## 성공에 마음을 빼앗기지 말아야 함

사단은 이번에도 틀린 말을 가지고 시험하러 다가온 것이 아닙니다. 아주 정당해 보이게 다가왔습니다. 하나님께서 주신 사명을 감당하여 그것을 성공적으로 이루는 것은 분명 우리가 해야 할 일입니다. 그리고 그 일을 위해서 효과적인 방법을 찾아서 활용하는 것도 중요합니다. 그러나 그 때라도 내가 목표로 하고 있는 것이 하나님께서 내신 사명을 이루기 위한 성공인지,

아니면 세상과 나 자신이 인정하는 성공인지를 잘 살펴야 합니다. '성공'이라는 것이 목표가 되어 버리는 경우가 너무 많습니다. 우리는 하나님 나라 백성으로서 하나님과 하나님 나라를 위해서 살아야하는 것이지 '성공'을 위해 사는 것이 아닙니다. 내가 생각하는 성공과 하나님께서 주신 사명의 성공을 너무 쉽게 일치시켜서는 안 됩니다.

저의 경우를 예로 들어 보겠습니다. 제게도 목회에 관하여 많은 효과적인 방법들이 거부하기 힘들만큼 강력하게 도전해 올 때가 너무도 많습니다. 그런 이론들이 말하는 것을 따라가면 정말 목회가 잘 될 것 같고, 성공(?)할 것 같고, 효과적일 것으로 생각될 때가 많이 있습니다. 그러나 그것은 성경이 말하는 목회가 아닙니다. 성경이 말하는 방법이 아닙니다. 그것을 분별하기도 어렵고, 이미 마음을 빼앗기면 성경적인 방법이 아님을 깨닫고도 쉽게 마음을 놓지 못할 때가 많습니다.

이것은 비단 저만의 문제는 아닐 것입니다. 그리스도인들이 이 세상을 살아가면서 성경적인 원리들을 조금만 양보하면 아주 효과적이고, 효율적일 것으로 보일 때가 많습니다. 그러나 그렇게 성경적인 원리들을 양보하고 나면 이미 하나님께서 주신 사명에서 벗어난 성공을 좇고 있는 것입니다. 효과적인 것을 전부 부정하고자 하는 것이 아닙니다. 우리는 하나님의 백성으로서 하나님께서 주신 자원들을 사용하여 하나님 나라를 증시하는 일을 효과적으로 해야 합니다. 하지만 어떤 경우라도 효과를 위해서 성경 말씀의 도리, 하나님 말씀의 원리를 가감하여서는 안 됩니다.

## 그냥 내려오시는 예수님

그렇기에 예수님께서는 뛰어내려도 죽지 않는 모습을 보여주라는 사단의 제안을 거부하십니다. 이때뿐만이 아니라 언제라도 이적으로 메시야 되심을 증명해 달라는 요구에 대해서 단호히 거절했음을 복음서를 통해서 확인할 수 있습니다. 하지만 인간은 능력과 기적으로 메시야 됨을 증명하라는 요구에는 응하지 않으시면서 메시야로 행하시니까 거짓말한다고 예수님을 죽였습니다. 이것은 인간적인 관점에서 볼 때에는 아무것도 이루지 못하는 어리석은 행보에 불과합니다.

여기 성전 꼭대기에 올라가셔서도 '자 봐라 내가 이제부터 메시야로서 일할 것인데 어떤 일을 하는지 잘 봐라.' 그러시고는 그냥 다른 모든 사람들과 동일하게 사다리를 타고 내려오신 것입니다. 그 때 그렇게 하셨기 때문에 아무도 예수님을 메시야라고 생각할 수 없었다고 하더라도 그렇게 하신 것입니다. 기적을 행하고 놀라운 일을 행해서 사람들의 마음을 사로잡기 위해 노력하지 않으셨습니다.

이것이 바로 그리스도인들이 따라야 하는 길입니다. 우리는 세상 앞에 뭔가 멋진 모습으로 '한 방'을 날리고 싶어 합니다. 그것을 통해서 우리가 옳다는 이야기를 하고 싶어 합니다. 내가 부자가 되어서 폼 나게 고아원에 큰돈을 기증하는 식으로 예수 믿는 것을 증명하고 싶어 합니다. 교회 건물 짓는데 멋지게 큰 힘을 보탬으로써 훌륭한 교인임을 증명하고 싶어 합니다.

그것이 바로 사단의 시험입니다. 우리는 긍휼을 베풀면서 세상 속에서 세상과 함께 살아야 하는 자들입니다. 교회에 뭔가 큰 일을 이루는 것이 아니라 그리스도의 몸 된 교회에 충성을 다하도록 부르셨습니다. 이러한 일을 성취하기 위해서는 '멋진 한 방'이 아니라 '바로 그 자리'에 존재해야만 합니다.

# 제17장

하나님을 시험한다는 것

**마태복음 4장 5-7절**

● ● ⁵이에 마귀가 예수를 거룩한 성으로 데려다가 성전 꼭대기에 세우고 ⁶가로되 네가 만일 하나님의 아들이어든 뛰어내리라 기록하였으되 저가 너를 위하여 그 사자들을 명하시리니 저희가 손으로 너를 받들어 발이 돌에 부딪히지 않게 하리로다 하였느니라 ⁷예수께서 이르시되 또 기록되었으되 주 너의 하나님을 시험치 말라 하였느니라 하신대 ● ●

δεκαεπτά

사단은 예수님께 하나님의 아들로서 가지고 있는 능력을 사용하여서 돌로 떡을 만들어 드시라고 유혹을 했지만 예수님께서는 그 능력은 하나님의 뜻을 이루는 데에 사용하여야 한다고 말씀하셨습니다. 그리하여 첫 번째 시험에서 뜻을 이루지 못하자 이번에는 그렇다면 사명을 성공적으로 이루는데 아주 큰 도움이 되고, 효과적인 방법을 사용하라면서 시험을 걸어 왔습니다. 성전에서 기적을 베풀어서 메시야 되심을 알리시는 것이 효과적이고, 그렇게 해야 사명을 성공적으로 이룰 수 있지 않느냐는 진심 어린 것 같은 충고를 하였습니다.

더욱 놀라운 것은 사단은 이번 시험을 위해서 하나님의 말씀인 성경을 사용하고 있다는 것입니다. 그렇기에 우리는 성경을, 하나님을 이야기 한다고 해서 너무 쉽게 따라가서는 안 됩니다.

목사의 설교라고 해서 그냥 다 믿어서도 안 됩니다. 여러분의 영원한 삶에 대한 내용이라는 사실을 유념하시면서 조심, 또 조심하시길 바랍니다.


## 하나님을 시험하였던 이스라엘

오늘은 하나님의 말씀까지 사용하여 시험하고 있는 사단에게 예수님께서 대답하신 내용을 자세히 살펴보겠습니다. 마태복음 4:7입니다.

**마4:7예수께서 이르시되 또 기록되었으되 주 너의 하나님을 시험치 말라 하였느니라 하신대**

하나님 말씀을 믿고 그 믿음의 행위를 보여서 하나님께서 맡기신 사명을 이루시라고 하는데 그것이 하나님을 시험하는 행위라고 하신 것입니다. 우리는 이런 것을 하나님의 말씀에 의지하는 것이라고 생각하고 이렇게 하는 것을 믿음이 좋다고 말하기도 합니다.

앞에서 살폈듯 사단이 한 말은 시편의 문맥에도 손색이 없는 인용이었습니다. 이것은 오늘날 성경의 문맥을 전혀 고려하지 않은 채 인용하고 있는 많은 이들보다도 훨씬 뛰어난 내용입니다. 사실 우리로서는 감히 이 시험은 분별하기도 어렵습니다. 그렇기 때문에 예수님께서 친히 이 시험을 받으셨습니다. 친히 이 시험을 받으심으로써 사단의 계략과 음모를 밝혀내 주셨습니다. 그러므로 우리는 이 사단의 시험을 능히 이기신 예수님의 말씀을 깊이 있게 연구해야 합니다. 여기에 사단의 시험을 이길 수 있는 능력이 있습니다.

예수님께서는 신명기 6:16에 나온 말씀을 인용하셨습니다. 그렇기에 우리는 신명기를 살펴보아야 합니다.

신6:16너희가 맛사에서 시험한 것 같이 너희의 하나님 여호와를 시험하지 말고

이 신명기는 모세가 죽기 전에 자신과 이스라엘에게 주신 하나님의 말씀과 인도하심을 회상하며 이스라엘 백성들에게 고별하면서 행한 설교입니다. 그 중에서 지금 읽은 부분은 이스라엘 백성들이 출애굽하여서 광야 생활을 시작한지 얼마 되지 않아서 일어났던 일에 대한 회상입니다. 그 사건은 출애굽기 17장에 기록되어 있습니다. 출애굽기 17:1-7을 보겠습니다.

출17:1이스라엘 자손의 온 회중이 여호와의 명령대로 신 광야에서 떠나 그 노정대로 행하여 르비딤에 장막을 쳤으나 백성이 마실 물이 없는지라 2백성이 모세와 다투어 가로되 우리에게 물을 주어 마시게 하라 모세가 그들에게 이르되 너희가 어찌하여 나와 다투느냐 너희가 어찌하여 여호와를 시험하느냐 3거기서 백성이 물에 갈하매 그들이 모세를 대하여 원망하여 가로되 당신이 어찌하여 우리를 애굽에서 인도하여 내어서 우리와 우리

자녀와 우리 생축으로 목말라 죽게 하느냐 ⁴모세가 여호와께 부르짖어 가로되 내가 이 백성에게 어떻게 하리이까 그들이 얼마 아니면 내게 돌질하겠나이다 ⁵여호와께서 모세에게 이르시되 백성 앞을 지나가서 이스라엘 장로들을 데리고 하수를 치던 네 지팡이를 손에 잡고 가라 ⁶내가 거기서 호렙 산 반석 위에 너를 대하여 서리니 너는 반석을 치라 그것에서 물이 나리니 백성이 마시리라 모세가 이스라엘 장로들의 목전에서 그대로 행하니라 ⁷그가 그곳 이름을 맛사라 또는 므리바라 불렀으니 이는 이스라엘 자손이 다투었음이요 또는 그들이 여호와를 시험하여 이르기를 여호와께서 우리 중에 계신 것이 아닌가 하였음이더라.

예수님께서는 이 사건을 통하여 주신 하나님의 거룩한 교훈을 인용하셨습니다. 이스라엘 백성들은 광야에서 물이 떨어지자 모세를 원망하면서 모세와 싸웠습니다. 그래서 하나님께서 모세를 통하여 물을 주셨습니다. 지금 이스라엘 백성들은 애굽에서 10가지 재앙을 다 보았고, 또한 출애굽기 14장에서 홍해가 갈라져 맨 땅으로 건너는 놀라운 기적을 경험하고서 15장 전체에서 하나님의 구원을 찬양하였습니다. 그러나 16장에 들어서서는 또다시 배고파 못살겠다고 아우성을 쳐서 하늘에서 내리는 만나와 메추라기를 보내주셔서 날마다 이 기적의 음식을 먹고 살았습니다. 이처럼 놀라운 기적들이 이스라엘 백성들의 과거 경험이 아니라 지금 매일 매일 경험하고 있는 기적입니다.

그런데도 17장에 들어와서 물이 부족하자 바로 다시 난리를 치고 있습니다. 물론 물이 없는 상황이라는 것은 심각한 문제입니다. 광야, 사막에서 물이 없으면 죽습니다. 인간의 힘으로써는 도무지 어떻게 할 수 없는 상황입니다. 그러나 이스라엘 백성은 어려움 가운데 처해 있을 때마다 놀라운 기적을 통하여 하나님 께서 내려 주시는 은혜를 경험해 왔습니다. 그러므로 이제 이런 어려움에 직면하면 그들이 지금까지 경험했던 하나님의 은혜를 생각해야 합니다. 하나님께서 구원의 길을 주실 것을 믿고 의지 해야 마땅합니다. 그런데 그들의 반응은 어떠했습니까?

**출17:3**거기서 백성이 물에 갈하매 그들이 모세를 대하여 원망 하여 가로되 당신이 어찌하여 우리를 애굽에서 인도하여 내어 서 우리와 우리 자녀와 우리 생축으로 목말라 죽게 하느냐

이것은 모세를 향한 원망이지만 모세는 하나님의 말씀을 대언 하고 있었기에 하나님에 대한 원망입니다. '우리를 목말라 죽게 하려느냐?'는 원망은 하나님의 구원에 대해 도무지 믿질 않는 듯한 반응입니다. 하지만 이 경험을 얻고도 하나님의 구원하심 을 믿지 않는다는 것은 불가능합니다. 자신들에게 행하신 기적 이 얼만데 하나님을 믿지 않을 수 있겠습니까?

## 떼를 쓰는 이스라엘

그럼 왜 이러는 것입니까? 하나님께서 매번 구원하심을 알면 서도 왜 이렇게 황당한 행위를 하고 있는 것입니까? '하나님께

서 물을 주실 수 있는 능력이 있으시다는 것을 다 알고 있으니 빨리 내놓으십시오.' 이것입니다. '우리에게 필요한 것, 물을 주시지 않는다면 하나님이 없는 것 아니냐?' **"여호와께서 우리 중에 계신 것이 아닌가**(출17:7하)" 라고 하였습니다. 물을 주시라고 집단적으로 반발하여 하나님을 압박하고 강제하고 있습니다. 하나님을 시험하는 것입니다.

이것이 오늘 마태복음 본문에서 마귀가 한 시험의 핵심입니다. 마귀는 시편의 말씀을 인용하며 네가 진정으로 하나님을 믿는다면 하나님께서 구원하실 것이니 믿고 뛰어내려서 하나님의 기적을 보이라고 하였습니다. 오히려 뛰어내리지 않는 것이 하나님을 믿지 않는 것이라고 말하고 있는 것입니다. 그러나 이것은 하나님을 시험하는 행위입니다. '하나님의 뜻이 어디 있는가?'를 생각하면서 하나님의 뜻을 이루기 위해 노력해야 합니다. 그런데 오히려 하나님을 자신이 필요하다고 생각한 것을 제공하는 존재로 만들라고 하고 있습니다.

논리적으로 보면 예수님께서 뛰어내리시면 하나님께서는 예수님을 구원하실 것입니다. 왜냐하면 예수님은 하나님의 아들이시기 때문입니다. 그것은 하나님의 아들인 이스라엘 민족이 물을 달라고 아우성을 쳤을 때에 그것이 하나님을 시험하는 행위임에도 불구하고 물을 주셨던 것에서 알 수 있습니다. 그러나 그렇게 되면 누가 누구의 뜻에 의해 움직이는 것이 됩니까? 하나님께서 이스라엘의 뜻대로 움직이신 것과 같이 하나님께서 예수님의 뜻대로 움직이신 것이 됩니다. 하나님께서 사랑하심을 악용하는 것입니다.

하나님께서는 인간을 사랑하시는 일에 자신을 묶으셨습니다. 그래서 인간을 구원하시는 일에 열심을 내고 계십니다. 우리에게 일어나는 일은 모두 다 하나님께서 우리를 사랑하시어 주시는 일입니다. 그렇기에 혹여 우리에게 어려움이 오면 하나님께서 이 어려움에서 우리를 어떻게 구원하실지, 어떤 놀라운 일을 보이실지 기대하면서 하나님의 역사하심을 의지해야 합니다. 그렇지 않고 우리가 욕심내는 것을 이루어 주시라고 하나님께 떼를 쓰면서, 마치 빚쟁이가 빚을 받아 내는 것처럼 요구하는 것이 바로 하나님을 시험하는 것입니다.

가끔 자녀들이 이런 어리석은 행동을 할 때가 있습니다. 예를 들자면 "핸드폰을 사주지 않으면 나 밥 안 먹어"라고 합니다. 부모가 자녀에게 핸드폰을 사줘야 할 아무런 의무가 없습니다. 밥을 먹여 주는 것도, 밥을 먹여야만 하는 어떤 의무가 있는 것도 아닙니다. 자신이 배가 고프면 먹는 것이고, 배가 고프지 않으면 안 먹을 것입니다. 부모는 그저 자녀를 사랑하기 때문에 애를 써서 밥을 해 먹일 뿐입니다. 그런데 그런 부모의 사랑을 악용해서 자신이 욕심내는 것을 사달라고 떼를 쓰는 것이 얼마나 어리석고 못된 행동입니까?

## 하나님의 뜻으로 알겠습니다.

우리는 기도한다고 하면서 이런 일을 무수히 저지르고 있습니다. 많은 사람들이 기도를 자신이 욕심내는 것을 얻기 위한 수단 정도로 알고 있습니다. 하나님을 믿지 않는 사람들은 그저 자신의 힘을 의지해서만 욕심을 부리는데, 하나님을 믿는 사람들은 웬만한 것은 자신의 힘으로 욕심을 내고 좀 얻기 힘들어 보이는 것이 있으면 그것은 기도로 얻어내려고 한단 말입니다. 참으로 유치하기 이를 데 없는 생각입니다.

재미있는 이야기를 하나 해야겠습니다. 고등부 때 같은 교회 한 여학생 이야기입니다. 고등학교 2학년 말 쯤에 정말 잘생긴 전도사님이 오셨습니다. 교회의 모든 자매들, 심지어 고등부 여자애들조차 이 전도사님에게 반해서 가슴앓이를 했습니다. 제가 이야기하려는 이 여학생도 그 중 하나였습니다. 어느 날 오더니 심각하게 자기는 전도사님을 사랑한다고 합니다. 친구들 모두 그리 놀랍지 않은 표정으로, 한 편으로는 위로의 표정으로 보고 있었습니다.

그런데 그 다음 말에 모두 깜짝 놀랄 수밖에 없었습니다. 자기가 이 문제로 기도를 했는데 하나님께서 응답을 주셨고, 그렇기 때문에 전도사님을 계속 사랑할 것이고 하나님께서 이루어 주실 것이라고 믿는다고 하는 것입니다. 당황스러워서 어떻게 응답을 받았느냐고 물었습니다. 그에 대해서 이런 대답이 돌아왔습니다. '제 마음에 전도사님을 사랑하는 마음이 있는데 이것이 하나님의 뜻이 아니라면 사랑하지 않게 해주십시오. 만일 계속 사랑하는 마음이 없어지지 않는다면 그것은 하나님의 뜻으로 알겠습니다.' 이렇게 기도했는데 여전히 전도사님에 대한 사랑이 없어지지 않고 더 크게 자리 잡았으니 나는 분명히 응답을 받은 것이라고 했습니다. 뭐라 말을 못하겠더군요. 그런데 더 재미있는 이야기가 있습니다. 그 전도사님이 몇 년 후에 제 친구와 결혼을 했습니다. 위의 그 친구가 아닌 다른 친구와 결혼을 했습니다.


## 왕께 올리는 보고서

물론 이런 어처구니없는 기도는 논의할 가치도 없는 것이기는 합니다만, 대부분 신자들의 기도가 여기서 한 발도 더 나가지 못한 상태라는 것이 문제입니다. 기도란 그런 것이 아닙니다. 기도란 오히려 왕께 올리는 상황 보고에 가깝습니다. 왕께 나아가 왕께서 내리시는 명령을 받아서 이것을 수행해나가는 것입니다. 예를 들어 왕께서 궁전을 지으라고 명령을 내리면 이에 따른 여러 가지 계획과 필요가 생깁니다. 그렇기에 수시로 왕께 일의 진척에 대해 보고해야 할 것이고, 또한 공사를 해 나가는 데 필요한 인력이나 자제, 도구 등에 대해서 왕께 요청해야 할 것입니다. 그러면 왕께서 궁전을 짓는 일을 수행할 수 있는 필요를 채워줍니다. 기도란 이와 같은 것입니다.

하나님께서는 왕으로서 하나님 나라의 백성들에게 당신의 사명을 맡기십니다. 그 사명을 왕을 뵙고 말씀을 듣게 되듯이 기도를 통해서 깨닫게 됩니다. 그리고 그 사명을 깨닫고 수행해 나갈 때 혹여 필요와 부족이 생기면 기도를 통하여서 하나님께 아룁니다. 그러면 주께서 우리의 사명을 바르게 감당하는 일에 필요한 모든 것을 채워주십니다.

그러나 우리가 사명을 생각하지 않고 그저 나의 욕심을 채우기 위해서 '하나님, 성경에 주신다고 하셨으니 주실 줄 믿습니다.'라고 기도하며, 금식하고 떼를 쓴다면 그것이야말로 하나님을 강박하는 것이며, 하나님을 시험하는 것입니다. 또한 어느 때에는 자신이 사명에 대한 이해의 부족함과 사명에까지 과욕을 부리면서 '하나님이 보호하신다고 했으니까 어떤 위험한 일에서도 문제가 없다'라고 하며 위험과 어려움에 뛰어드는 만용을 부리기도 합니다. 그렇게 하다가 잘 안 되면 '하나님, 보호해 주신다고 하셨으니까 이 어려움을 해결해 주셔야 하지 않습니까?'라고 억지를 부리기도 하는데, 이것 또한 하나님을 시험하는 죄 가운데 빠지고 마는 것입니다.

그렇다고 늘 안전한 길만을 찾아가라는 말씀은 아닙니다. 어떤 때에는 어려움을 보면서도, 위험을 감내하면서도 뛰어 들어가야 할 때가 있습니다. 아무도 두려워서 가지 못하고, 할 수 없는 일, 엄두도 내지 못하는 일이라고 할지라도 그리스도인들은 늠름하게 수행해야 할 때가 있습니다. 바로 자신의 사명과 관련되어 있을 때에는 세상이 감당할 수 없는 강력하고 큰 용기로 나서야 합니다. 그러나 그것은 사명에 대한 분명한 인식으로 이것이 자신의 사명을 위해서 필연적이고, 피할 수 없는 과업일 때에 그렇게 하는 것이지 아무 때나, 아무 위험에나 자신을 던져 넣는 것은 어리석은 행동입니다.

그러므로 우리가 하나님을 시험하지 않으려면 결국 자신을 중심으로 내 삶을 경영해서는 안 됩니다. 하나님의 백성으로서 자신을 그 나라를 위하여 던져 넣고 살아가야만 합니다. 우리는 이 시험, 이 싸움을 하고 있습니다. 기도는 매우 중요합니다. 늘 깨어 기도해야 합니다. 그러나 그만큼 중요한 기도가 그만큼 위험할 수 있음을 아셔야 합니다. 기도가 하나님 나라와 그 의를 구하는 것이면 엄청난 일이지만, 자신이 중심이 되면 하나님을 강제하는 것이 되고, 하나님을 시험하는 일이 될 수 있으며, 우리는 언제든지 이 유혹을 받고 있음을 기억해야 합니다.

# 제18장

목적과 수단의 혼돈

**마태복음 4장 8-11절**

● ● 8마귀가 또 그를 데리고 지극히 높은 산으로 가서 천하만국과 그 영광을 보여 9 가로되 만일 내게 엎드려 경배하면 이 모든 것을 네게 주리라 10이에 예수께서 말씀 하시되 사단아 물러가라 기록되었으되 주 너의 하나님께 경배하고 다만 그를 섬기라 하였느니라. 11이에 마귀는 예수를 떠나고 천사들이 나아와서 수종드니라 ● ●

δεκαοχτώ

## 예수님의 시험 기록이 주는 유익

예수님께서 사단에게 시험을 받으시는 장면은 우리에게 중대한 정보를 제공하고 있습니다. 바로 사단의 시험 전략을 노출시키신 것입니다. 예수님을 넘어뜨리기 위해서 사단은 자신이 할 수 있는 최고의 노력을 하고 있기에 여기에서 사단의 전략이 전부 노출되었습니다. 또한 예수님께서 그 고도로 교묘하고 강력한 공격에 넘어지지 않고 승리하시는 모습을 통해서 우리에게 오는 사단의 시험을 이길 수 있는 방법을 배울 수 있습니다. 적을 알고 적의 공격을 무효화하여 승리하는 방법이 무엇인지 살펴 알아야겠습니다.

이미 우리는 두 번에 걸친 사단의 공격에 대해서 승리하시는 예수님의 모습을 살펴보았습니다. 돌로 떡을 만들어 먹으라는 시험은 하나님을 믿기보다는 자신의 안위를 위해서 자신이 힘을 쓰도록 하는 것이었습니다. 두 번째 시험인 성전 꼭대기에서 뛰어내리라는 것은 좀 더 효과적으로 일을 하기 위해 하나님의 능력을 끌어들이라는 것이었습니다. 예수님께서는 이런 사단의 전략을 간파하시고 이 시험들에 승리하셨습니다.

## 온 세상이 보이는 높은 산이 어디 있나?

오늘 본문은 이제 세 번째 시험의 장면입니다. 8절에 보면 사단은 예수님을 지극히 높은 산위로 모시고 갔습니다. 그리고 온 세상을 보여드렸습니다. 그런데 아무리 높은 산이라도 온 세상이 보이는 곳은 없습니다. 그러므로 이것은 환상을 보여준 것이라고 생각해야 합니다. 사단은 예수님을 어느 의미 있는 장소로 모시고 간 것입니다. 그리고는 예수님의 눈앞에 천하만국과 그 영광을 펼쳤습니다. 세상의 죄악은 보이지 않고, 세상의 오고 오는 세대의 모든 영광을 보여드렸습니다. 아마도 세상이 이 정도로 멋있고 괜찮은 곳이라고 여겨 주시길 바라는 마음에서 그렇게 하였을 것입니다.

그러나 세상은 영광만 있는 것이 아니라 죄악이 있고, 문제가 있는 곳이며, 결국 멸망을 당할 곳입니다. 그러한 것에 대해서는 애써 감추고 있습니다. 사단은 예수님께조차 세상의 본질을 속이고자 애를 쓰고 있는 것입니다. 이처럼 세계의 영광스러운 모습을 보여드리고는 이 세상을 줄 터 이니 자신에게 경배하라고 제안을 합니다.

그런데 이건 너무 원색적이지 않습니까? '아니 예수님께서 하나님의 아들이신데 이런 얼토당토않은 시험에 넘어가실 것이라고 생각하며 이런 시험을 한단 말인가?' 이런 생각이 안 드세요? 사단의 시험이 이런 식으로만 온다면 우리라도 웬만하면 쉽게 이길 수 있을 것 같지 않습니까? 이처럼 극명하게 악이 드러나는데 예수님께서 여기에 넘어가실 리가 없는 것 아니겠습니까?

사실 이 시험으로 인하여 예수님께서는 마귀에게 '네가 도를 넘었다. 그러므로 이젠 더 이상 나를 시험할 수가 없다'는 말씀으로 떠나가라고 하셨습니다. 그러나 예수님께서 받으신 이 시험의 내용은 우리가 생각하듯이 그렇게 간단하지 않고 매우 어려운 내용입니다. 그럼 과연 사단의 시험은 어떤 내용과 의미가 있는 것인지 살펴보도록 하겠습니다.


## 사단, 세상은 나의 것이다

사단이 얼마나 교묘하게 시험을 하는지 보겠습니다. 이 시험은 예수님께서 세례를 받으실 때의 장면과 연관이 있습니다. 예수님께서 세례를 받으실 때에 하늘에서 소리가 있어서 **"이는 내 사랑하는 아들이요 내 기뻐하는 자라**(마3:17)" 는 선언이 있었습니다. 이것은 시편 2:7과 관련 있는 선언입니다. 사단은 이와 연관된 시편 2:8을 인용하고 있습니다.

시2:7내가 영(명령)을 전하노라 여호와께서 내게 이르시되 너는 내 아들이라 오늘날 내가 너를 낳았도다 8내게 구하라 내가 열방을 유업으로 주리니 네 소유가 땅 끝까지 이르리로다.

사단은 예수님께서 세례를 받으실 때에 하늘로부터 하나님의 아들로서 선언을 받으신 것을 인정하면서도 여기에 약속되어 있는 열방을 자신이 주겠다고 제안하고 있습니다. 그런데 어떻게 이런 약속을 말할 수 있는가? 그 이유는 나중에 어떻게 되든 관계없이 지금 현재는 세상의 소유권을 사단 자신이 가지고 있기 때문입니다. 세상의 모든 것은 하나님께서 다 만드셨고 또한 하나님께서 다스리시며, 사단이라 하더라도 하나님의 다스림 아래 있습니다.

하지만, 하나님께서 당신의 깊으신 뜻에 따라, 당신의 필요에 따라 사단을 아직 멸하지 않고 그대로 두어 세상에서 활동하게 하신 것입니다. 그리고 이들에게 세상의 정사와 어둠의 권세를 맡겨 두셨습니다(엡6:12). 물론 언제까지든지 계속 두시는 것은 아닙니다만, 그 때까지는 사단이 자신의 소유권을 주장하며 활동하고 있습니다.

그래서 마귀는 '당신은 하나님의 아들이십니다. 그렇기에 당신께서는 열방을 유업으로 받으실 분입니다. 땅 끝까지 당신 것으로 받으실 분이라고 성경에 기록되어 있습니다. 맞습니다. 당신은 세상을 다 받으실 만한 분입니다. 그런데 문제는 이 세상에 대한 권리를 하나님이 아니라 제가 가지고 있습니다. 그러니 저와 손을 잡으시죠.' 하고 말한 것입니다.

## 사명을 성취하십시오.

———————

사단은 즉각적으로 예수님께 이 세상의 권리를 드리겠다는 제안을 하고 있습니다. 어찌 보면 이 세상이 예수님의 소유가 될 수 있는 쉬운 방법일 수 있는 제안을 받으셨습니다. 좋은 조건의 계약일 수 있다는 것입니다.

예수님께서는 이 땅에 오셔서 인간을 구원하시고, 세상을 구원하시기 위해서 오신 분이십니다. 이것이 예수님의 사명입니다. 이 사명을 단번에 이루실 수 있습니다. 사단에게 절을 하면 모든 것은 이루어집니다. 두 눈 딱 감고, 딱 한번만 절을 하면 이 세상에 대한 사단의 권리를 자신에게로 옮겨 놓을 수 있는 절호의 기회입니다. 이 기회를 잡으면 예수님은 이사야서에 나오는 고난의 종으로서의 길을 뛰어 넘고, 예수님의 공생애 시작과 동시에 이루려던 사업을 완성하는 쾌거를 올릴 수 있는 조건의 좋은 '빅딜(Big Deal)'입니다. 더욱이 예수님께서 당신의 이후 생애를 아셨기에 더욱 그러했을 것입니다. 알아듣지도 못하는 무식한, 결국 다 도망가고 마는 제자들과 예수님을 배척하는 인간들, 그리고 억울한 십자가의 죽음과 비교해 보면 당연히 합리적 판단으로는 비교 우위를 차지하는 제안입니다.

이처럼 사단은 예수님께 쉽고 빠른 길을 제시한 것입니다. 그

것이 바로 사단이 제시하는 유혹입니다. 다만 여기에 약간의 타협이란 불가피한 것이니, 이런 것에 마음을 쓰지 말고 오직 당신이 이루어야 할 사명만 생각하라고 속삭입니다. 사명을 이루는 것에 집중하라고 하고 있습니다. 그렇기에 이 문제에 대하여 좀 더 살펴보도록 하겠습니다.


## 목적과 수단을 혼동함

예수님께서 이 땅에 오신 이유는 인간과 세상을 구원하시기 위함입니다. 이것이 예수님께서 이루셔야 할 사명이며, 이 땅위에 오신 목적입니다. 그러나 이것은 최종적인 목적이 아닙니다. 최종적인 목적은 성부 하나님께 순종하는 것입니다. 성부 하나님께서 예수님이 이 세상을 구원하기를 원하셨기 때문에 예수님께서는 하나님께 순종하기 위하여 세상에 오셨습니다. 즉 '세상을 구원하는 일'이라는 수단을 가지고 '성부 하나님께 순종하는 일'이라는 목적을 이루시는 것입니다.

그런데 사단은 여기서 수단을 교묘하게 최종적인 목적인 것처럼 속이고 있습니다. 하나님께 순종해야 한다는 목적보다는 예수님이 이루어야 할 일에 관심을 집중시키고, 이것을 이루는 일이 최종적인 목적인 것처럼 느끼게 만들어서 이 일 자체만을 위해서 애쓰도록 만들고 있습니다.

이것은 우리가 거룩한 일이나 명분 있는 일을 하면서 빠지기 쉬운 시험입니다. 예를 들면 목회가 그렇습니다. 목회란 하나님께서 내신 거룩한 기관인 교회를 섬기며, 하나님의 백성이 하나님 나라를 잘 증시할 수 있도록 더불어 삶을 나누며 교육하고 양육하며 살아가는 일입니다. 그러나 많은 목회자들이 소위 목회 성공지상주의에 빠지는 것을 보게 됩니다. 이들은 목회의 성공을 성도가 많아지고 헌금이 많아지며, 예배당 크게 지으며, 사례를 많이 받아 좋은 대우를 받고 사는 것으로 생각합니다. 이것을 위해서는 수단과 방법을 가리지 않습니다.

이렇게라도 성공하는 것이 하나님을 기쁘시게 하는 것이고, 하나님께 영광을 돌리는 것이라는, 어디서 왔는지 알 수 없는 정체불명의 성공지상주의에 사로잡히면 정말 심각하게 타락한 목회자가 되고 맙니다. 이것이 바로 사단의 세 번째 시험에 넘어지는 것입니다.

이것은 비단 목회자들만의 문제는 아닙니다. 어느 누구라도 무엇이 목적이고, 무엇이 수단인지를 구분하지 못한다면 이와 같은 시험에 넘어집니다. 헌금을 많이 내기 위하여 내가 잘되어야 하고, 내가 잘되기 위해서 세상과 약간의 타협을 하는 것은 괜찮을 것이라는 식의 생각은 과연 누구로부터 비롯되는 것인지 오늘 분명하게 확인하시기 바랍니다. 이것이 바로 사단이 우리를 넘어뜨리려는 계략입니다.

## 하나님 말씀에 바르게 근거해야

이처럼 수단을 목적인 것처럼 느끼게 만드는 시험을 당할 때에 예수님께서는 어떻게 그 시험을 이기셨는지 보겠습니다. 10절입니다.

**마4:10**이에 예수께서 말씀하시되 사단아 물러가라 기록되었으되 주 너의 하나님께 경배하고 다만 그를 섬기라 하였느니라.

하나님만 경배하고 오직 하나님만을 섬겨야 한다는 신명기의 말씀으로 대답을 하고 계십니다. 그러나 이것은 성경의 한 구절을 말씀하신 것이기보다는 성경 전체의 가장 중요한 사상을 말씀해 주고 계신 것입니다. 예수님께서는 이처럼 하나님의 말씀, 성경을 통해서 사단의 공격을 물리치셨습니다. 이것은 성경 구절을 많이 외우라는 의미가 아니고, 성경의 깊은 사상에 대해서 늘 배우고 익혀야 한다는 말씀입니다. 그리하여 하나님 말씀의 사상에 비추어 사단의 시험을 분별하고, 아주 단호하게 그런 시험에 대해서 거부할 수 있는 힘을 길러야 합니다.

또한 하나님만 예배하고 오직 하나님만 섬기라는 말씀으로 표현된 성경 전체의 가장 중요한 사상은 하나님께서는 우리의 수단과 방법이 아니라, 우리 신앙의 내용이며 목적이시라는 것입니다. 주를 섬긴다는 것은 내가 명령에 복종하고, 하나님께서 기뻐하시는 것을 하며, 그분을 위해서 사는 것을 말합니다. 반대로 하나님을 내가 바라는 것을 이루어 줄 힘이요, 심부름꾼으로 취급하지 말라는 말입니다.

우리는 열심히 기도하면 우리의 기도를 들어주는 하나님을 바랍니다. 그러나 그것은 알라딘의 요술램프 속의 거인이 하는 일이지, 우리 하나님께서 하실 일이 아닙니다. 또한 요술램프의 주인이자 거인의 주인인 알라딘이 하는 행동이지, 하나님의 백성 된 자들이 할 수 있는 행동이 아닙니다. 주인과 종이 뒤바뀐 것입니다. 하나님이 중심이시고 나는 아무것도 아님을 기억해야 합니다.

우리는 사업이 잘된다면, 돈만 많이 벌 수 있다면, 행복할 수 있다면, 건강할 수 있다면, 대학교만 붙을 수 있다면, 우리가 원하는 것을 얻을 수만 있다면 하나님을 경배하지 않고, 우상에 능히 절할 수 있는 자들입니다. 하나님께서 우리의 삶의 목적과 사명을 정하시는 분이고, 우리가 그분의 뜻에 따라서 그분을 섬기며 살아야 하는 존재라는 사실을 인정해야 합니다. 그렇지 않으면 우리는 언제든지 하나님의 어깨에 올라타고 그분의 귀를 잡고 조정하려들 것입니다.

## 인간의 노예화

여기서 목적과 수단이 도치된 상황에 대하여 좀 더 이야기 하는 것이 좋을 듯합니다. 지금 세상은 목적과 수단이 뒤바뀌어 있습니다. 이 세계에서 인간은 목적이어야 합니다. 하지만 과연 현대 사회가 인간이 목적인 사회라고 말할 수 있습니까? 인간은 이미 수단화되어 있습니다. 너무도 철저하게 수단화되어 돌이킬 수 없을 만큼 심각한 상황입니다.

기술이나 돈이나 시스템은 인간을 위해서 만들어진 것입니다.

인간의 손으로 만든 것들입니다. 인간을 좋게 하기 위한, 인간을 목적으로 삼는 도구요 수단들입니다. 그러나 도리어 인간이 이것들의 도구가 되었습니다. 기술을 위한 수단, 돈을 위한 수단, 시스템을 위한 수단으로 전락해 버린 것입니다. 아니 정확히 말하자면 인간은 기술의 노예, 돈의 노예, 시스템의 노예입니다. 이 상황을 부정하기 어렵습니다. 오늘날 사상가들도 대부분 이 인간의 도구화, 수단화에 대해서 이야기합니다. 인간이 자기 주도권을 가지고 인간의 운명을 결정해 나가고 있다고 자신 있게 말할수 있는 사람이 없습니다. 기술의 폭주에 의해 거기에 봉사하고 있는, 사실은 거기에서 부속품 역할을 하고 있는 것이 오늘의 인간 군상의 현실입니다.

이 상황에 참담한 심정을 더해 주는 것은 이것들을 인간이 만들었다는 사실입니다. 인간은 자신들이 만든 세상에서 자신들이 만든 것들에 잡혀서 비참한 노예 생활을 하고 있는 것입니다. 이같이 저주받은 세상에서 살게 된 이유는 자신들의 세계에서 절대자를 쫓아내고 자기들의 왕국을 만들고자 했기 때문입니다. 구원자를 인정하면 다시 그 구원자에게 속박될 것이라는 두려움 때문에 유일한 구원자를 부정해 버리고서 자신은 단독자로 살아갈 수 있다고 생각합니다. 이렇게 자신들 마음속에서 하나님을 지워버리고 자신들이 왕으로 군림하는 세상을 만든 것입니다.

문제는 이렇게 얻은 왕권이 그리 오래 가지 못하고, 속히 다른 것들에게 왕좌, 목적의 자리를 내주고 다시 수단화 되는 길로 가게 된다는 것입니다. 이유는 인간은 존재론적으로 수단이기 때문입니다. 물론 이 세계 안에서는 인간이 목적이고, 세계가 수단입니다. 하지만 인간은 이 세계를 수단으로 사용하여 참 목적이신 하나님께 영광을 돌려야합니다. 그렇기에 자신을 참 목적으로 삼고자 하여 하나님을 쫓아내도 여전히 수단으로서의 존재 방식은 바꿀 수 없습니다. 그래서 자신의 손으로 만든 것들을 섬겨야 하는 비참함에 빠지게 되는 것입니다. 성경은 이것을 우상 숭배라고 하며, 타락의 결과라고 합니다.

이 비참함을 가져 온 근본적인 목적과 수단의 도치는 어디서부터 왔는가? 바로 아담과 하와가 금령을 어기는데서 시작된 것입니다. 인간은 하나님께서 내신 바 그 뜻을 이루어야 하는 존재였습니다. 이 세상을 하나님 나라로 잘 다스려서 하나님께 바쳐야 했습니다. 참 목적은 하나님이시고, 인간은 그분의 뜻을 이루는 수단이었습니다.

그런데 선악을 알게 하는 나무의 열매를 먹어서 선악의 결정 권자가 되려 했습니다. 이는 하나님의 영광을 위한 수단이 되기를 거부하고 자기 자신을 목적화 하려는 행위였습니다. 왕이신 하나님의 뜻대로 하는 것이 아니라 자신이 좋고, 옳다고 느끼는 대로 하겠다는 것이고 이는 왕의 뜻을 거스르는 반역행위입니다. 이것이 바로 원죄입니다. 인간의 원죄는 그저 과일 하나 따 먹은 수준의 이야기가 아니라 하나님의 왕위를 찬탈하려고 사단과 연합하여 행한 반역죄입니다.

이는 인간을 꾄 사단의 계략이었습니다. 인간에게 수단으로서의 위치에 서 있지 말고, 스스로 선악을 결정하고 법을 내서 마음대로 할 수 있는 목적으로서의 자리를 차지하라고 부추긴 것입니다. 하나님 앞에서라도 수단이 아니라 목적이 되라고 유혹한 것입니다. 이렇게 보면 오늘 본문에서 사단이 예수님께 한 시험이 바로 아담이 받았던 시험과 같은 것임을 알 수 있습니다.

우리도 이와 동일한 유혹과 시험을 만나고 있음을 깨달아야 합니다. 늘 자기를 중심으로 생각하고 하나님을 부수적인 어떤 존재로 생각하기 쉽습니다. 하나님께서 자신을 위해서 이렇게도 해주시고, 저렇게도 해주시라고 하고 요구하며 수호신처럼 생각하곤 합니다. 나를 만든 창조자가 여전히 내 뒤를 졸졸 쫓아다니면서 나를 위해 주어야 한다는 식의 생각이 얼마나 우스운 것입니까? 이 부조리한 생각에서 벗어나야 합니다. 자신이 피조물이고 그렇기에 자신이 수단이고, 창조자가 목적되심을 잊지 말아야 합니다.

# 제19장

왕의 귀환

## 마태복음 4장 12-17절

● ● 12예수께서 요한의 잡힘을 들으시고 갈릴리로 물러가셨다가 13나사렛을 떠나 스불론과 납달리 지경 해변에 있는 가버나움에 가서 사시니 14이는 선지자 이사야로 하신 말씀을 이루려 하심이라 일렀으되 15스불론 땅과 납달리 땅과 요단강 저편 해변 길과 이방의 갈릴리여 16흑암에 앉은 백성이 큰 빛을 보았고 사망의 땅과 그늘에 앉은 자들에게 빛이 비취었도다 하였느니라 17이때부터 예수께서 비로소 전파하여 가라사대 회개하라 천국이 가까왔느니라 하시더라. ● ●

δεκαεννέα

　예수님께서는 친히 사단에게 시험을 받으셨습니다. 이 시험들은 물질적인 시험과 정치적인 시험, 그리고 종교적인 시험들이었습니다. 그 시험들의 핵심 내용은 자신을 위해서 힘을 쓰도록 만드는 것과 영광스럽고 효과적인 길을 택하도록 유혹하는 것, 그리고 목적과 수단을 혼돈하게 하여 수단인 일에 집착하게 만드는 것입니다.

　예수님께선 하나님께 순종하기 위하여 세상을 받으셨습니다. 세상을 받으시는 것은 하나님께 순종하기 위한 수단일 뿐입니다. 그런데 사단은 세상을 받는 일 자체에 집중하도록 유혹합니다. 세상의 영광스러움을 보이면서 이것 자체로도 충분히 목적으로써의 가치가 있다고 속삭입니다. 특히 목적과 수단을 혼돈하도록 만드는 것은 가장 심각한 문제입니다. 돈이 그렇고, 기술이 그렇고, 국가가 그렇습니다. 이러한 것들은 사람들을 위해서 존재하기 시작합니다. 그러나 이것들은 빠르게 사람이 이것들을 위하여 봉사하게 만듭니다.

인간은 처음부터 최종적인 존재로 지음 받지 않았습니다. 그렇기에 최종적인 존재로 서 있을 수 없습니다. 이것이 인간의 본질입니다. 하지만 아담과 하와는 자신들이 하나님과 같아져서 최종적인 목적이 되기를 원했습니다. 하지만 이들은 결국 사단의 종이 되었습니다. 이것이 모든 우상 숭배의 패턴입니다. 사람들은 자신의 욕심을 채워 줄 봉사할 우상을 만듭니다. 그러나 이내 우상에게 장악됩니다. 자신을 위하여 돈을 좇고, 기술을 만들고, 국가에 소속하지만 결국 이들의 힘에 눌려서 도리어 이것을 위하여 움직여야 하는 노예 상태가 됩니다.

이 모든 것으로부터 자유를 얻으려면 이 우상 숭배의 패턴을 깨야합니다. 인간 존재의 본질을 깨달아서 나를 최종적인 목적으로 놓아서는 안 됩니다. 나 자신을 최종적인 목적으로 만들려는 그 모든 노력들은 실패로 돌아갑니다. 하나님을 최종적인 목적으로 섬겨야 합니다. 그러면 하나님께서는 참 자유를 우리에게 주실 것입니다. 이것을 믿는 것이 신앙입니다.


## 갈릴리로 도망 가셨나?

오늘 본문이 "예수께서 요한의 잡힘을 들으시고 갈릴리로 물러가셨다가(마4:12)" 라고 말하고 있어서 예수님께서 요한이 잡힌 것을 보시고 예수님 당신도 잡히실 것을 두려워하여 도망가신 것 같은 뉘앙스를 받게 됩니다. 그리고 여러 신학자들이 그런 식으로 이해하기도 합니다. 잡힐 것이 두려워서 변방인 갈릴리 지역으로 가셨고 그래서 갈릴리에서 사역을 하셨다고 생각합니다. 물론 예수님께서 어떤 경우에는 때가 아니기에 피하기도 하셨습니다만, 잡힐 것이 두려워서 도망 오셨고, 도망 오셔서 사역을 하시다보니 구약의 예언을 이루셨다는 식으로 생각한다는 것은 좀 억지스럽게 보입니다. 그럼 과연 어떤 정황이었을까? 확인해 보도록 하겠습니다. 요한복음 3:22로 가보겠습니다.

요3:22이후에 예수께서 제자들과 유대 땅으로 가서 거기 함께 유하시며 세례를 주시더라 23요한도 살렘 가까운 애논에서 세례를 주니 거기 물들이 많음이라 사람들이 와서 세례를 받더라 24요한이 아직 옥에 갇히지 아니하였더라.

여기 보면 세례 요한이 잡히기 전, 그러니까 예수님의 초기 사역 마지막 시기에 예수님과 요한은 살렘 근처에서 각각 따로 세례 운동을 하셨다는 것을 알 수 있습니다.

세례 운동은 원래 세례 요한의 사역에 속한 것입니다. 세례 요한의 사명은 이 세례 운동을 통하여 사람들의 시선을 집중시켜서 누가 메시야인지를 지목해 주는 것입니다. 그래서 세례 요한은 예수님께서 나타나시자 적극적으로 예수님을 자신이 증거하던 메시야로 선포합니다. 심지어 요한복음 1장이나 3장과 같은 장면에서 세례 요한 자신의 제자들을 예수님께 보내기도 하였습니다. 이와 같은 적극적인 세례 요한의 활동으로 인해 많은 사람이 예수님께 왔음을 알 수 있습니다.

　　요4:1**예수의 제자를 삼고 세례를 주는 것이 요한보다 많다 하는 말을 바리새인들이 들은 줄을 주께서 아신지라** 2(예수께서 친히 세례를 주신 것이 아니요 제자들이 준 것이라) 3**유대를 떠나사 다시 갈릴리로 가실새**

　　여기서 바리새인들이 이런 정보를 듣게 되었다는 것은 이제 이스라엘 사람들 대다수가 예수님의 존재를 인식하기 시작했다는 것을 말합니다. 그리고 이것은 다른 쪽의 의미로 보면 세례 요한의 사역이 거의 마무리되고 있음을 뜻하는 것이었습니다. 그렇기에 이제 예수님께서는 자신의 본격적인 사역을 위해서 새로운 행보를 시작하셔야 했습니다. 그래서 유대를 떠나사 다시 갈릴리로 가셨습니다.

　　이상에서 살펴 본 바와 같이 예수님께서 갈릴리로 떠나신 것은 요한이 옥에 갇히기 전임을 알 수 있습니다. 이와 마태복음을 종합해서 생각해 보면 예수님께서는 유대를 떠나서 갈릴리로 오시는 도중에 세례 요한이 잡힘을 들으셨던 것입니다. 예수님께서는 요한이 잡히신 다음에 무서워서 갈릴리로 피신하신 것이 아니라 이제 세례 요한의 사역이 마무리되었기에 당신께서 본격적인 사역을 하기 위해서 갈릴리로 오신 것임을 알 수 있습니다. 누가복음은 "**예수께서 성령의 권능으로 갈릴리에 돌아가시니 그 소문이 사방에 퍼졌고**(눅4:14)" 라고 기록함으로써 잡힐 것이 걱정 되어서

가 아니고 성령께서 갈릴리로 가시도록 인도하셨음을 증언하고 있습니다.

## 갈릴리로 오신 이유

오늘 본문 마태복음 4:13을 보면 갈릴리로 돌아오셔서 본격적인 사역을 위해서 고향인 나사렛에서 가버나움이라는 동네로 이사를 오시는 것을 볼 수 있습니다. 나사렛은 깊은 산골짝에 자리 잡고 있기에 교통이 편리한 갈릴리 해변으로 이사하셨습니다. 하지만 누가 뭐라고 해도 이스라엘의 종교적, 정치적인 중심지는 유대 땅 예루살렘 지역입니다. 그런데 왜, 굳이 변방인 갈릴리로 오셔서 본격적인 사역을 시작하실까요? 그 이유를 마태복음 4:14-16이 답하고 있습니다.

마4:14이는 선지자 이사야로 하신 말씀을 이루려 하심이라 일렀으되 15스불론 땅과 납달리 땅과 요단강 저편 해변 길과 이방의 갈릴리여 16흑암에 앉은 백성이 큰 빛을 보았고 사망의 땅과 그늘에 앉은 자들에게 빛이 비취었도다 하였느니라.

갈릴리로 오신 이유가 이사야로 말씀하신 것을 이루기 위해서라고 합니다. 우리가 앞에서도 계속해서 살펴보았지만 마태가 구약을 인용할 때는 그냥 구약과 단어가 같다든지, 지명이 같아서 가지고 들어오는 것이 아니라고 했습니다. 또한 인용된 구절은 그 구절 하나만을 인용한 것이 아니고 인용 구절이 있는 문단의 사상 전체를 함축하고 있는 것이라고 설명 드렸습니다. 그렇기에 마태복음에 나와 있는 구약의 인용구는 직접 가서 살펴봐야 인용된 본문의 참 뜻을 알 수 있습니다. 여기 인용된 본문은 이사야 9:1-2입니다만, 우리는 문맥을 알기 위해 이사야 8:20-22을 먼저 보도록 하겠습니다.

사8:20마땅히 율법과 증거의 말씀을 좇을지니 그들의 말하는 바가 이 말씀에 맞지 아니하면 그들이 정녕히 아침빛을 보지 못하고 21이 땅으로 헤매며 곤고하며 주릴 것이라 그 주릴 때에 번조하여 자기의 왕 자기의 하나님을 저주할 것이며 위를 쳐다보거나 22땅을 굽어보아도 환난과 흑암과 고통의 흑암뿐이리니 그들이 심한 흑암 중으로 쫓겨 들어가리라

이사야 8-9장의 배경을 잠시 말씀드리자면, 이스라엘이 솔로몬 이후에 갈라져 북 이스라엘과 남 유다가 되었습니다. 이 두 나라는 우리 민족의 현실과 비슷해서 서로가 서로에게 강력한 적국이었습니다. 그 중 북 이스라엘이 좀 더 힘이 있는 나라였습니다. 그런데 유다의 아하스 왕 때에 북 이스라엘이 아람과 동맹하여 쳐들어오려고 하고 있습니다. 이것을 안 아하스는 신흥 대국인 앗수르에게 구원을 요청하려고 합니다.

그런 정황 가운데서 이사야가 와서 '하나님께서 막아주시겠다'고 했지만 아하스는 이를 듣질 않고 앗수르에 구원을 요청합니다. 그래서 아하스의 기대대로 앗수르는 북 이스라엘과 아람을

뒤엎습니다. 하지만 그것으로 끝내고 돌아가는 것이 아니라 결국 유다마저 삼키기 위해서 침범하여 큰 위기를 겪게 됩니다. 지금 읽은 부분은 이런 어려움이 닥칠 것에 대한 예언의 일부입니다.

방금 읽은 21절에 '번조하여'란 말은 원어의 의미를 살펴보면 '분노하는 것'을 뜻합니다. 너무 고통스러워서 하나님을 욕하게 될 것이란 말입니다. 왜 그렇겠습니까? 보통은 하나님을 믿는 자들은 고통이 오면 불평을 하더라도 결국 하나님 앞에 무릎을 꿇고 고통 끝에 주시는 하나님의 긍휼을 바라게 됩니다. 하나님의 백성을 이렇게 버리실 리 없다는 믿음 때문입니다. 그러나 이들에게는 하늘을 봐도 땅을 봐도 그 어디에도 칠흑 같은 어두움뿐이고 희망이란 존재하지 않기 때문에 분노하고 있습니다. 이들은 이제 외적들의 침략으로 인해 노략을 당할 것이고, 포로로 끌려갈 것이고, 나라가 완전히 멸망을 당할 것입니다.


## 돌연한 회복의 선언

그런데 8장에서 이런 심판의 고통을 선언하다가 9장으로 넘어 오면서 돌연 회복의 메시지를 주고 있습니다. 이사야 9:1-5을 읽어 보도록 하겠습니다.


<sup>사9:1</sup>전에 고통 하던 자에게는 흑암이 없으리로다 옛적에는 <u>여호와께서 스불론 땅과 납달리 땅으로 멸시를 당케 하셨더니 후</u>

에는 해변 길과 요단 저편 이방의 갈릴리를 영화롭게 하셨느니라 ²흑암에 행하던 백성이 큰 빛을 보고 사망의 그늘진 땅에 거하던 자에게 빛이 비취도다 ³주께서 이 나라를 창성케 하시며 그 즐거움을 더하게 하셨으므로 추수하는 즐거움과 탈취물을 나누는 때의 즐거움같이 그들이 주의 앞에서 즐거워하오니 ⁴이는 그들의 무겁게 멘 멍에와 그 어깨의 채찍과 그 압제자의 막대기를 꺾으시되 미디안의 날과 같이 하셨음이니이다 ⁵어지러이 싸우는 군인의 갑옷과 피 묻은 복장이 불에 섶같이 살라지리니

기쁨과 감격의 구원의 날을, 놀라운 구원의 날을 주시겠다고 하십니다. 4절의 '미디안의 날'이란 사사시대에 기드온과 300명이 항아리와 횃불을 가지고서 무수히 많은 적국의 군대를 물리쳤던 역사적 사건을 말합니다. 이 사건과 같이 하나님께서 친히 이 나라를 회복시켜 주시겠다고 약속을 주셨습니다. 이 놀라운 구원이 어떻게 이루어지는지 위의 본문을 계속 보겠습니다.

사9:6이는 한 아기가 우리에게 났고 한 아들을 우리에게 주신 바 되었는데 그 어깨에는 정사를 메었고 그 이름은 기묘자라, 모사라 전능하신 하나님이라, 영존하시는 아버지라, 평강의 왕이라 할 것임이라 ⁷그 정사와 평강의 더함이 무궁하며 또 다윗의 위에 앉아서 그 나라를 굳게 세우고 자금 이후 영원토록 공평과 정의로 그것을 보존하실 것이라 만군의 여호와의 열심이 이를 이루시리라

구원을 위해서 한 아기를 주시는데 그는 결국 왕입니다. 하나

님께서는 이 나라를 구원할 뛰어나고 전능한 왕을 주셔서 당신의 나라를 구원하실 것이랍니다. 결국 그 왕은 다른 분이 아니라 하나님 자신을 주시겠다고 약속하고 계십니다. 이것이 바로 마태가 이 인용구를 통해 말하고 싶은 것입니다. 그때에 주셨던 구원의 약속, 평강의 왕이시며 전능한 왕이신 하나님 자신을 주시겠다는 약속을 하셨던 그 예언이 예수 그리스도를 통하여 성취되고 있다 이 말씀입니다.

예수 그리스도는 왕이시며, 하나님이시라는 것입니다. 그렇기에 "천국이 가까웠다."라고 하셨습니다. 천국이란, 하나님 나라를 의미합니다. 우리는 '나라'라는 개념을 머릿속에 떠올릴 때에 '지도'를 생각하게 됩니다. '땅'을 먼저 떠올리는 것입니다. '영토'라는 개념이 가장 중요한 것으로 인식됩니다. 그러나 성경이 '나라'라는 개념에서 제일 중요하게 말하는 것은 '통치권'입니다. 그렇기에 왕의 통치권이 미치면 거기가 왕의 왕국입니다. 지금 예수님께서 '천국이 가까웠다.'고 하시는 것도 이렇게 이해해야 합니다. 예수님은 왕이십니다. 그렇기에 그분이 오시는 것 자체가 하나님 나라가 오는 것입니다. 예수님은 왕이시자 하나님 나라를 가져오시는 분입니다.

## 왜 스불론과 납달리에서 시작하셨을까?

———————

예수님께서 왕으로서 하나님 나라를 가져 오신다는 것은 알겠는데, 아직도 왜 예루살렘이 아니라 스불론과 납달리로 표현되는 변방 갈릴리에서 시작하셨는지에 대한 답을 얻지는 못했습니다. 그럼 정말 몇몇 주석가들이 말하듯이 변방이라서 잡힐 우려가 덜 했기 때문에 거기서부터 시작하셨다고 생각해야 할까요?

스불론과 납달리에서 사역을 시작하신 이유는 외적이 침공해 오는 그림을 생각해야 알 수 있습니다. 외적이 쳐들어오면 가장 먼저 침략 당하는 곳이 어디냐 하면 스불론과 납달리입니다. 여기서부터 전투가 시작되어 전 영토로 번지는 것입니다. 그러므로 이미 정복당한 이 나라를 회복하기 위해서는 어디서부터 전쟁을 시작하겠습니까? 당연히 스불론과 납달리입니다. 여기서 시작하셔서 어떻게 하신다고요? 이스라엘 전 영역을 회복해 가시겠다는 것입니다. 사단에게 빼앗겼던 나라를 되찾는 본토수복 전쟁을 시작하시는 것입니다.

마태복음에는 예수님과 사단의 전투가 이 갈릴리 지역에서 시작하여 전 영역으로 번져갑니다. 어느 때는 사단의 세력이 예수님께서 타신 배를 뒤엎으려고 합니다. 어느 때는 사단이 사람들을 조정하여 예수님을 배척하기도 합니다. 결국 사단은 예수 그리스도를 십자가에 달려 죽게 만듭니다. 그럼에도 불구하고 예수님께서는 이런 사단의 공격에 굴하지 않으시고 결국에는 부활로 승리하십니다. 그리하여 평강의 왕이 되시어 우리를 구원하십니다.

이런 예수님께서 우리를 구원하셨습니다. 사단이 점령하고 있는 나를 회복하기 위해서 왕으로서 전쟁을 수행하십니다. 아직 우리가 예수 그리스도로 인하여 완전히 회복되지 못하고 스불론과 납달리 정도만 회복되었다하여도, 그래서 온전히 회복된 하나님 나라 백성다움을 다 드러내지 못하고 육체의 소욕을 지닌 자들이라 하더라도, 예수님께서는 이미 우리를 향하신 사단과의 전쟁을 시작하셨습니다.

그래서 우리가 이렇게 교회에 나와서 그 신자 됨을 누리고 있습니다. 그리고 이 전쟁을 지금도 열심히 수행하고 계십니다. 이 전쟁의 승리는 이미 정해져 있습니다. 우리의 왕이신 예수님은 신비하고 지혜로우시며 전능하신 왕이시오, 영원하신 하나님이시기 때문에 우리를 구원하시는 전쟁에서 결코 패배하지 않으십니다. 이런 우리의 종국을 바라보면서 비록 지금 우리가 죄의 유혹과 권세아래 서 있다 하더라도 끝까지 예수 그리스도의 구원과 은혜를 바라보며 절망하지 않아야 하겠습니다.

# 제 **20** 장

하나님 나라는 지금 어디에

**마태복음 4장 17절**

● ● ¹⁷이때부터 예수께서 비로소 전파하    라 하시더라 ● ●
여 가라사대 회개하라 천국이 가까왔느니

εἴκοσι

　세례 요한의 사역이 마무리 되어 가는 시점에 예수님께서 본 격적인 사역을 준비하기 위하여 갈릴리로 가시게 됩니다. 갈릴 리 지역은 전쟁이 시작되는 지역입니다. 흑암에 앉아 있는 백성 들에게 구원의 빛을 비추시는 전투를 여기서부터 시작하셨습니 다. 예수님께서는 이 전쟁을 전 국토로 확장해 나가십니다.

　이와 같이 예수님께서는 우리 안에서도 전투를 시작하셨습니 다. 이미 죄의 노예로 사단의 세력에 사로 잡혀서 어두움에 앉 아 있는 우리를 빛으로 구원하기 위하여 전쟁을 수행하고 계십 니다. 전쟁 중이기에 아직은 온전히 사단의 세력에서 놓이지 못 하고 여전히 죄의 노예처럼 굴지만 조만간 옛사람의 구습은 치 유되어 죄를 미워하게 될 것입니다.

## 천국(天國=하늘나라)과 하나님 나라

    이번 장에서는 지난 시간에 잠깐 거론되었던 '천국'에 대해 상세히 살펴보겠습니다. 이는 마태복음3:1-4을 강설하면서도 다루었던 내용입니다만 '천국'에 대한 개념은 대단히 중요한 것이기에 여기서는 좀 더 논증적으로 설명 드리겠습니다.

    한국 기독교는 '천국'에 대해서 많은 이야기를 합니다. 하지만 바른 내용이 전달되는 경우를 보는 것은 매우 드뭅니다. 그렇기에 어쩌면 이 내용이 여러분께 대단히 낯설 수 있습니다. 낯설다 해서 틀렸다고 생각하지 마시고 어느 쪽이 더 성경적인지 진지하게 확인해 보시기 바랍니다. 사실 지금부터 제가 말씀 드리는 내용은 많은 신학자들이 거의 동의하고 있는 내용입니다.

    한국 교회에서는 '천국(天國=하늘나라)'은 죽어서 가는 곳이고, 우주 저 어디쯤에 있는 나라라는 이해가 지배적입니다. 그렇기에 끝까지 인내하면서 예수님을 믿고 살아가면 갈 수 있는 곳이라는 생각이 일반적입니다. 그러나 '천국'은 죽어야만 가는 곳이 아닙니다. 성경은 신자들이 죽어서 가는 곳을 '천국'이라고 부르지 않습니다. 그러면 당장에 여러분 머릿속에서는 예수님께서 십자가 상에서 한 편 강도에게 말씀하신 것이 생각날 것입니다. 그렇지만 거기에도 '천국'이라는 표현은 없습니다. '낙원'이 나올 뿐이고, 이것은 '천국'과는 좀 다른 개념으로 나타납니다.

    이번에는 질문을 드리겠습니다. '천국'이라는 단어가 성경에서 어디에 제일 많이 씌었다고 생각되십니까? 혹시 요한계시록이 떠오르지 않으십니까? 그러나 '천국'이라는 용어는 마태복음에만 나타납니다. 다른 복음서들에서는 '천국'이라는 표현 대신 '하나님 나라'라는 표현만 나타납니다. 다음 구절들을 비교해 보십시오.

| 마태복음 19:14 | 예수께서 가라사대 어린아이들을 용납하고 내게 오는 것을 금하지 말라 천국이 이런 자들의 것이니라 하시고 |
|---|---|
| 마가복음 10:14 | 예수께서 보시고 분히 여겨 이르시되 어린아이들의 내게 오는 것을 용납하고 금하지 말라 하나님의 나라가 이런 자의 것이니라 |
| 누가복음 18:16 | 예수께서 그 어린아이들을 불러 가까이 하시고 이르시되 어린아이들이 내게 오는 것을 용납하고 금하지 말라 하나님의 나라가 이런 자의 것 이니라 |

'천국(하늘나라)'과 '하나님 나라'는 같은 실체라는 사실을 분명히 확인할 수 있습니다. 다른 복음서와 성경들은 모두 '하나님 나라'라고 표현하고 있는데 유독 마태복음만 '천국(하늘나라)'이라고 하는 이유는 마태복음의 1차 독자들이 유대인이기 때문입니다. 유대인들은 '하나님'을 입으로 부르는 것을 극도로 꺼렸습니다. 그래서 완곡어법으로 '하나님'을 '하늘'이라고 불렀고 '하나님 나라'를 '천국(하늘나라)'으로 불렀습니다.

우리는 유대인이 아닙니다. 그러므로 우주 공간적인 '하늘에 있는 나라'와 '죽어서 가는 곳'이라는 생각을 하도록 만드는 '천국'이라는 용어보다는 가급적이면 '하나님 나라'로 표현하는 것이 좋을 것입니다. 유대인도 아닌 우리가 이런 오해의 소지가 있는데도 굳이 그들의 완곡어법을 따라 쓸 필요는 없을 듯합니다. 물론 이것은 오해를 줄여 보고자 하는 제 개인적인 의견일 뿐입니다.

## 이 땅에 실현되는 하나님의 적극적인 왕권 통치

이제 '하나님 나라'의 개념을 이해해 보도록 하겠습니다. 복음서는 2000년 전의 유대인들에게 쓰인 것입니다. 그들과 우리 사이에는 2000년이라는 시간과 팔레스타인과 한반도라는 공간과 지역적 간격이 있습니다. 그렇기에 우리의 이해와 많이 다를 수 있습니다. 이 '하나님 나라'라는 개념이 그렇습니다.

먼저 유대인들은 왕정 하에 있었으나 우리는 왕의 역할을 폐기시킨 민주주의에 살고 있습니다. 그렇기에 유대인들과 우리는 '나라'에 대한 이해가 현격히 다를 수밖에 없습니다. 우리말 성경에서 '나라'라고 번역되는 원어는 헬라어 '바실래이아'와 히브리어 '말쿠트'입니다. 우리는 '나라/국가'라는 단어에서 가장 먼저 '영토'를 떠올립니다. 그런데 성경에서 이 단어들이 '영토'의 의미로 사용되는 경우는 극히 드뭅니다. 대부분의 경우에는 '통치, 지배, 왕권'의 의미로 쓰였습니다. 이것은 이(李)씨들이 다스렸던 조선 시대를 '이(李)씨 조선 왕조'라고 부르는 것과 같습니다. 이와 같이 '하나님의 나라'는 하나님께서 왕권을 행사하시는 나라, '하나님의 통치'를 의미합니다.

그러므로 '천국이 가까웠느니라'는 말씀은 하나님께서 왕권을 행사하심으로 통치하실 나라가 가까이 왔다는 말입니다. 그 어떤 내세적이거나 우주 공간적인 개념이 없이 아주 현실적이고 실존적인 '통치'를 의미합니다. 유대인들은 이 말씀을 듣고서 '이제 하나님께서 보내신 메시야가 이 땅에 와서 하나님의 왕권을 행사하는 통치를 하겠구나.' 하고 이해했습니다. 그렇기에 이 말씀을 듣는 우리도 이러한 이해를 가져야 합니다.


## 천국은 온 것인가? 올 것인가?

─────────

예수님께서는 '하나님 나라가 가까이 왔다'고 하셨습니다. 위에서 본 것처럼 하나님 나라는 하나님의 통치가 실현됨을 의미합니다. 그러므로 하나님의 말씀에 따름이 있으면 거기에 하나님의 나라가 있다고 말할 수 있습니다. 예수님께서는 온전히 하나님의 통치를 받으심으로 하나님 나라를 가져 오셨습니다. 그리고 십자가에서 죄를 속하심으로써 사람들을 구원하여 하나님 나라 백성을 만드셨습니다. 그들이 이제 하나님의 법에 따라 살아갑니다.

<sup>마12:28</sup>그러나 내가 하나님의 성령을 힘입어 귀신을 쫓아내는 것이면 하나님의 나라가 이미 너희에게 임하였느니라.

인간들은 죄와 사망의 권세 아래에서 사단과 귀신의 노예로 잡혀 있기에 하나님의 법을 따라 살 수 없었습니다. 그런데 이제 죄 사함을 받고 자유함을 얻어 하나님의 법대로 따라 살아갈 수 있게 된 것입니다. 그렇기에 이 땅에 그리스도인이 존재하는 것은 하나님의 통치가 임한 것을 의미합니다. 하나님 나라가 이 땅에 이미 와 있는 것입니다. 우리는 지금 천국(=하나님 나라)에 살고 있습니다.

그런데 문제는 예수님의 말씀을 잘 들어보면 이와 반대되는 말씀도 많습니다. 예수님은 하나님 나라가 앞으로 와야 할 것으로 말씀하기도 하셨습니다. 예수님의 사역 말기에 성찬을 제정하시면서 제자들에게 다음과 같이 말씀하셨습니다.

마26:29그러나 너희에게 이르노니 내가 포도나무에서 난 것을 이제부터 내 아버지의 나라에서 새 것으로 너희와 함께 마시는 날까지 마시지 아니하리라 하시니라

여기서는 하나님 나라가 미래에 올 나라로 서술되어 있습니다. 또한 하나님 나라를 땅에 뿌려진 씨앗의 성장과 결실로 비유하는 것에서도 하나님 나라는 아직 오지 않은 것처럼 서술되어 있습니다. 이뿐 아니라 여러 가지 비유와 말씀 속에서 하나님 나라는 여전히 미래적인 것으로 나타납니다.

이처럼 예수님께서는 하나님 나라가 자신의 지상 사역과 더불어 이미 도래하였다고 가르치시면서, 다른 한편으로는 하나님 나라가 완성되지 않았으며 그 완성은 자신의 재림과 더불어 있게 될 것을 가르치셨습니다. 즉, 현재 하나님 나라는 이미 도래하였으나 아직 완성되지 않았다는 것입니다.

이것에 대해 그림으로 다시 한 번 설명 드리겠습니다.[7] 먼저 일반적으로 이해하는 종말의 구조에 대한 그림을 보시겠습니다.

---

7. 게할더스 보스, 『바울의 종말론』, 이승구, 오광만 공역(서울: 도서출판 엠마오, 1989), 65. 참조

| 이 세대 (또는 이 세상) | 오는 세대 (또는 오는 세상) |
|---|---|
| 재 | 림 |

일반적으로 이 표에 나타난 대로 예수님께서 재림하실 때에 이 땅에 하나님의 나라가 도래한다고 이해하고 있습니다. 그렇지만 성경에 나타난 하나님 나라의 도래, 종말론의 구조를 제대로 설명하려면 다음의 표와 같이 표현해야 합니다.

| | | | (이미) | (아직) |
|---|---|---|---|---|
| | | | 원칙상 실현된<br>오는 세상 | 견고한 존재로<br>충만히 실현될 세상 |
| 구 | 약 | 시대 | | |

초림
이 세상(이 세대)

재림
오는 세상(오는 세대)

예수 그리스도의 초림 사역(오심, 죽으심, 부활, 승천)으로 이 땅에 하나님 나라가 이미 임했습니다. 미래에야 완성될 '오는 세상'이 침투하여 이 세상에 '이미' 존재하고 있는 것입니다. 그러나 그 나라의 '견고한 존재로 충만한 실현'은 '아직' 오지 않았습니다. 이것은 미래에 예수 그리스도께서 재림하실 때에 완성될 것입니다.

이상으로 '하나님 나라'에 대한 개념을 정리했습니다. 대단히 어렵게 느껴질 수 있습니다. 지금까지 '죽어서 가는 우주 공간적인 천국'을 생각해 오셨다면 전혀 다른 '천국'을 만나게 되셨을 것입니다. 하지만 이것이 성경이 말씀하는 '천국'입니다.


## 그리스도인 삶의 양태를 규정해 주는 하나님 나라

'천국'에 대한 이해는 대단히 중요합니다. '천국'에 대한 올바른 이해가 전제되지 않고서는 성경에 대한 올바른 이해가 어렵습니다. 왜냐하면 성경의 중심 내용이 하나님 나라(천국)이기 때문입니다. 또한 '천국'에 대한 이해는 그리스도인들의 삶에 직접적인 영향을 미칩니다.

죽어서 '천국' 간다는 내세주의적인 천국관은 죄악 된 이 세상에서 순결함을 지켜내면 그에 대한 상급으로 좋은 곳에 보내준다는 것입니다. 자연히 이 세상은 견뎌내야 하는 곳이 됩니다. 그렇기에 할 수 있는 대로 더러운 이 세상에 섞이지 않기 위하여 소극적인 태도를 보이게 됩니다.

구체적으로 이야기해서, 내세주의적인 천국관을 가진 그리스도인은 거룩함을 지키기 위하여 세상에 대해 관심을 두지 않아야 하며 세상과 구별된 모습을 유지하는데 힘을 써야 합니다. 그것을 위하여 어쩔 수 없는 경우를 제외하고는 가급적 세상 속에 끼어 있지 말아야 하고 들어갔다가도 속히 나와서 교회로 돌아올 수 있기를 소원해야만 하고 여기서만 평안함을 느껴야 합니다. 세상에 관심을 갖거나 세상일에 집중하느라고 교회 일을 뒤로 미루거나 못하는 것은 세상의 유혹에 빠진 것이 됩니다.

그렇기에 이들이 세상에 나가서 일을 하는 의미는 두 가지입니다. 하나는 전도하는 것이고 다른 하나는 헌금할 돈을 벌기 위함입니다. 이런 사람들은 직장에 가서도 수시로 성경을 보고, 기도하고, 큐티(Quiet Time)를 합니다. 그러면서도 자신이 책임질 일을 하지 않기 위하여 애를 씁니다. 심지어 일하는 척하면서 직장인 선교회 성경 공부 교재를 만들거나 주일학교나 청년부 자료를 만들면서 시간을 보내기도 합니다. 그것이 자신의 양심에 전혀 저촉되질 않습니다.

위의 두 가지 이외에 세상에 머무르는 것은 이들에겐 시간 낭비이며, 세상에 유혹될 빌미를 주는 것이 됩니다. 직장에서 회식 자리 같은 것은 세상이 이들을 회유하여 섞여 살도록 만들려는 유혹 행위이기에 결단력을 발휘하여 물리쳐야만 합니다. 결단하지 못하고 끌려갔다면 낭떠러지 끝에 온 것이기 때문에 모든 것을 경계해야 합니다. 이렇게 이들의 신앙생활은 모든 것을 버리는 금욕주의와 순결성을 목표로 하는 수도원주의를 지향하게 됩니다.

## 적극적인 삶을 요구하는 하나님 나라의 현재성

그러나 성경에 근거한 바른 천국관은 이 세상에 대해서 대단히 적극적인 태도를 요구합니다. 이들은 죽어서 '천국'에 가는 것이 아니라 지금 자신이 하나님의 법대로 살아감으로서 '천국'이 지금 여기에 있음을 세상 앞에 보여주는 것입니다. 그렇기에 그리스도인들은 세상 앞에 '이미 임한 하나님 나라의 통치'

의 증명입니다. 이 세상은 여전히 죄의 노예로서 죄악을 좋아하고 추구해 나가는데, 그 속에서 그리스도인들이 그 죄를 미워하고 악을 막아서며 하나님의 공의가 실현되도록 하겠다는 적극적인 태도를 가집니다. 이들에게 '신앙생활'이란 세상에서 나와 교회에 자주 모여서 무슨 일을 하는 것이 아닙니다. 세상 속에 들어가서 그리스도인으로서의 자의식을 가지고 적극적으로 살아가는 것입니다.

구체적으로 설명하자면, 이들에게 직장 생활은 하나님께서 맡기신 사명입니다. '사명'이라고 한다고 전도를 한다거나 직장인 선교회를 구성한다는 식의 종교 행위를 말하는 것이 아닙니다. 그냥 직장인으로서 성실히 살아내는 것이 이들의 사명입니다. 그곳을 사랑하고 그 안에서 따뜻한 사람이 되는 것입니다. 가장 합리적인 제안을 연구하여 마찰을 조절하고, 충돌을 피하도록 하면서 서로에 대한 이해와 신뢰가 형성되도록 유도해 나가는 사람이 되는 것입니다. 가장 합리적인 제안은 세상의 공의로운 역사를 믿는 데서 나오는 것이기에 이 사람은 하나님의 공의를 실현하는 사람으로 서 있는 것입니다. 당장 눈앞에 보기에는 권모술수가 이익을 극대화 할 수 있는 방안으로 보이겠지만 정의를 따라 가는 것이 복된 것임을 납득시키고 확인시켜서 모두가 그 길을 택함으로써 복을 얻도록 합니다. 그리하여 그 사람으로 인하여 다른 이들도 하나님의 공의로우신 통치의 실현을 직·간접적으로 맛보게 됩니다.

또 남들이 다 나름대로 주어진 권력을 사용하여 자기 이익을 추구할 때, 그리스도인들은 그 권력을 사용하여 다른 사람의 유익을 추구하는 모습을 보여서 하나님 나라 백성의 고도한 인격을 나타내는 것이 바로 그리스도인들의 사명입니다. 그렇기에 이들에게 있어 중요한 곳은 이 세상입니다. 죽은 다음이 아닙니다.

성경은 죽은 다음에 가는 곳을 '천국'이나 '하나님 나라'라고 표현하지 않습니다. 더 나가서 죽은 다음에 가는 곳에 대하여는 거의 서술하지 않고 있습니다. 죽은 다음부터 예수님께서 재림으로 부활하실 때까지의 기간을 '중간 상태'라고 합니다. 예수님께서는 이것을 '낙원'이라고 말씀 하셨습니다. 죽음 후에 그리스도인들의 육체는 땅에서 안식하며, 그들의 영혼은 '낙원'에서 쉽니다. 쉰다는 것은 좋은 것일 수 있으나 특별한 일이 없다는 것입니다. 하나님 나라 백성으로서의 그 고귀한 사명을 할 수가 없습니다. 그 영광스러운 사역을 감당할 수 있는 것은 육체를 가지고 있는 이 세상에서입니다. 죽은 다음에는 하나님 나라를 위하여 할 수 있는 일이 매우 한정되기에 오늘 우리는 여기에서 열정적으로 하나님 나라를 위해서 살아야 합니다.

이런 사람들의 삶의 자태는 세상 사람들과는 전혀 다릅니다. 세상 사람들로서는 감히 상상도 못하고 흉내 낼 수도 없을 만큼 존귀하고 고도한 인격을 소유하게 될 것입니다. 그들의 행보를 세상은 감당하지 못합니다.

## 하나님 나라 백성에 대해 묘사하고 있는 산상보훈

이러한 하나님 나라 백성들의 모습을 구체적으로 서술하신 것이 마태복음 5-7장까지 이어지는 산상보훈입니다. 예수님께서는 팔복을 통해서 하나님 나라 백성의 자태를 묘사해 주셨습니다. 그리고 이런 하나님 나라 백성이 이 세상 속에서 살아갈 때 자연스럽게 드러내게 되는 구체적인 모습에 대해 7장까지 각각의 상황을 대입하여 가르쳐주셨습니다. 그렇기에 우리는 5-7장을 통해 하나님 나라 백성의 자태에 대하여 배워서 우리가 과연 어떤 존재이며, 얼마나 존귀하고 고도한 존재로 부름 받았는지 확인하여 참 신자 됨을 성취해 나가야 하겠습니다.

# 제**21**장

베드로는 왜 두 번이나 부르심을 받았을까

**마태복음 4장 18-22절**

●● <sup>18</sup>갈릴리 해변에 다니시다가 두 형제 곧 베드로라 하는 시몬과 그 형제 안드레가 바다에 그물 던지는 것을 보시니 저희는 어부라 <sup>19</sup>말씀하시되 나를 따라 오너라 내가 너희로 사람을 낚는 어부가 되게 하리라 하시니 <sup>20</sup>저희가 곧 그물을 버려두고 예수를 따르니라. <sup>21</sup>거기서 더 가시다가 다른 두 형제 곧 세베대의 아들 야고보와 그 형제 요한이 그 부친 세베대와 한가지로 배에서 그물 깁는 것을 보시고 부르시니 <sup>22</sup>저희가 곧 배와 부친을 버려두고 예수를 따르니라. ●●

*εἴκοσι ἕνα*

본문에는 바다에서 일하고 있는 베드로와 그 형제 안드레를 보시고 "나를 따라오너라"라고 말씀하시니 곧 그물을 버려두고 예수님을 좇아갔다는 이야기가 나옵니다. 그래서 우리는 이 본문을 가지고 예수님께 '즉시' 순종한 베드로에 대해서 설교되는 것을 많이 듣게 됩니다. "베드로는 일하는 도중에 부르셨는데도 말씀에 순종해서 나왔습니다. 베드로는 그물과 배를 버리고 예수님을 좇았습니다. 즉, 자신의 모든 물질을 버려두고 예수님을 좇았습니다. 그래서 그는 예수님의 수제자가 되었던 것입니다. 그러니 우리도 우리의 모든 것인 삶의 터전과 물질을 다 버리고 예수님께로 나와야 합니다." 하는 식의 설교를 한 두 번은 들으셨을 것입니다.

저는 오늘 과연 베드로라는 인물이 그렇게 결단 있고, 준비된 자여서 예수님의 단 한 말씀에 순종하고 나왔는지, 그렇기에 우리가 그 행위를 본받도록 기록 했는지 살펴보기 원합니다. 이제부터 베드로의 진실을 밝혀보겠습니다.


## 첫 번째 만남

----

요한복음에 가보시면 의외의 장면을 만나시게 될 것입니다. 요한복음 1:35-42을 보겠습니다.

요1:35또 이튿날 요한이 자기 제자 중 두 사람과 함께 섰다가 36예수의 다니심을 보고 말하되 보라 하나님의 어린양이로다 37두 제자가 그의 말을 듣고 예수를 좇거늘 38예수께서 돌이켜 그 좇는 것을 보시고 물어 가라사대 무엇을 구하느냐 가로되 랍비여 어디 계시오니이까 하니(랍비는 번역하면 선생이라) 39예수께서 가라사대 와 보라 그러므로 저희가 가서 계신 데를 보고 그날 함께 거하니 때가 제 십 시쯤 되었더라. 40요한의 말을 듣고 예수를 좇는 두 사람 중에 하나는 시몬 베드로의 형제 안드레라 41그가 먼저 자기의 형제 시몬을 찾아 말하되 우리가 메시야를 만났다 하고 (메시야는 번역하면 그리스도라) 42데리고 예수께로 오니 예수께서 보시고 가라사대 네가 요한의 아들 시몬이니 장차 게바라 하리라 하시니라 (게바는 번역하면 베드로라)

베드로와 안드레는 형제로서 늘 같이 다녔던 것 같습니다. 베드로와 안드레는 마태복음 4장의 갈릴리 바다에서 고기를 잡다가 예수님을 처음 만난 것이 아니었습니다. 분명히 세례 요한의 제자로 있다가 세례 요한이 예수님을 메시야라고 지목하자 따라가서 예수님을 뵈었습니다. 안드레는 예수님과 하룻밤을 함께 이야기하며 지냈으며, 또한 베드로는 예수님께 '게바'라는 별명까지 얻었습니다. 그런데 지금 갈릴리 바닷가에서 예수님께서 또 다시 부르시는 장면이 나오고 있는 것입니다. 이것이 어찌된 일입니까?

우리는 여기서 또 성경을 믿지 않는 자들의 말을 따라서 '아! 성경이 모순된다.' 이렇게 해야겠습니까? 우리는 성경 말씀을 이해하기 위해서 기도하며 연구해야 하는 것입니다. 복음서를 4권이나 주신 것은 4권이라서 골치 아픈 것이 아니고 예수님에 대해서, 복음에 대해 그만큼 풍성한 이해를 얻을 수 있도록 하신 하나님의 깊으신 뜻임을 생각해야 하는 것입니다. 그러므로 이것도 이해하기 위해서 노력해야 하겠습니다. 복음서 4권을 통해서 베드로에 대해 입체적으로 그려보겠습니다. 거기서 더 풍성한 내용을 얻게 될 것입니다.

요한복음의 기록을 보면 예수님의 제자들은 예수님의 초기 사역 때부터 계속 예수님을 따라다니고 있었음을 알 수 있습니다 (요2:2). 그러므로 베드로와 안드레 등이 요한복음 1:35 이하에 그려져 있는 만남 후에 예수님의 제자가 되었다면, 그보다 시간적으로 후의 기록인 오늘 본문 마태복음 4장에서 다시 부름 받을 리가 없습니다. 그런데 베드로와 안드레가 다시 부름을 받고 있습니다. 결국 이것은 베드로와 그의 동료들이 초기에 예수님을 계속 따라다니는 제자들에는 끼어있지 않았다는 결론을 얻게 됩니다. 이것을 기억해 주십시오.

왜 예수님을 안 따라 다녔을까요? 베드로와 안드레 등은 당시에 세례 요한의 제자로 활동했었습니다. 그런데 자신들의 선생인 세례 요한이 자신이 메시야가 아니라 바로 예수님이 메시야라고 증거 하였고, 또한 세례 요한이 이들을 예수님께 보내서 예수님을 만났는데도 불구하고 왜 안 따라 갔을지 쉽게 이해하기 어렵습니다. 이것에 답하는 것이 오늘 강설의 중심입니다.

## 재미있는 그림

왜 안 따라 갔는지를 알기 위해서 먼저 몇 가지 살펴봐야 할 것들이 있습니다. 오늘 본문인 마태복음 4장의 병행본문이 마가복음과 누가복음에 나오는데 그 중 가장 상세하게 기록된 것이 누가복음 5:1-11입니다.

눅5:1무리가 옹위하여 하나님의 말씀을 들을 새 예수는 게네사렛 호숫가에 서서 2호숫가에 두 배가 있는 것을 보시니 어부들은 배에서 나와서 그물을 씻는지라 3예수께서 한 배에 오르시니 그 배는 시몬의 배라 육지에서 조금 띄기를 청하시고 앉으사 배에서 무리를 가르치시더니 4말씀을 마치시고 시몬에게 이르시되 깊은 데로 가서 그물을 내려 고기를 잡으라 5시몬이 대답하여 가로되 선생이여 우리들이 밤이 맞도록 수고를 하였으되 얻은 것이 없

지마는 말씀에 의지하여 내가 그물을 내리리이다 하고 [6]그리한
즉 고기를 에운 것이 심히 많아 그물이 찢어지는지라 [7]이에 다
른 배에 있는 동무를 손짓하여 와서 도와 달라 하니 저희가 와
서 두 배에 채우매 잠기게 되었더라 [8]시몬 베드로가 이를 보고
예수의 무릎 아래 엎드려 가로되 주여 나를 떠나소서 나는 죄인
이로소이다 하니 [9]이는 자기와 및 함께 있는 모든 사람이 고기
잡힌 것을 인하여 놀라고 [10]세베대의 아들로서 시몬의 동업자인
야고보와 요한도 놀랐음이라 예수께서 시몬에게 일러 가라사대
무서워 말라 이제 후로는 네가 사람을 취하리라 하시니 [11]저희
가 배들을 육지에 대고 모든 것을 버려두고 예수를 좇으니라.

그런데 여기 재미있는 장면이 묘사되고 있습니다. 1절에 보
면 무리가 옹위하여 예수님의 말씀을 듣고 있었습니다. 이미 많
은 무리들이 예수님 앞으로 왔는데 호숫가에 있는 어부들은 자
기 할 일만 하고 있습니다. 좀 이상하지 않습니까? 이들은 왜 안
가고 있을까요. 이들이 예수님을 잘 모르기 때문에 즉, 왜 이렇
게 사람들이 모여드는지, 예수님이 누군지 모르기 때문에 거기
가지 않은 것입니까? 그러나 이 어부들이 예수님을 모를 리가
없습니다. 그 어부란 결국 베드로와 안드레와 그 친구들입니다.
이들은 예수님을 너무도 잘 알고 있었습니다. 앞에서도 말씀 드
렸지만 이들은 세례 요한의 증거도 들었고 찾아가서 하룻밤 동
안 이야기도 나누었습니다. 그런데도 가질 않고 있는 것입니다.
상식적으로 납득이 되지 않는 모습입니다.

## 일을 하고 있던 이유

___

뭔가 납득이 안 될 때 '그냥 확 믿어. 뭘 따져', '그게 뭐가 중요하다고 그래' 그러면 안 됩니다. 성경은 언어이고 기본적으로 이해하는 것을 전제하고 있습니다. 이것이 '수리수리 마수리' 같은 주문과 성경이 다른 이유입니다. 그렇기에 우리는 납득되지 않는 행동을 하고 있는 이유가 무엇인지 살펴봐야 하겠습니다. 요한복음 3:22-26입니다.

요3:22이후에 예수께서 제자들과 유대 땅으로 가서 거기 함께 유하시며 세례를 주시더라 23요한도 살렘 가까운 애논에서 세례를 주니 거기 물들이 많음이라 사람들이 와서 세례를 받더라 24요한이 아직 옥에 갇히지 아니하였더라 25이에 요한의 제자 중에서 한 유대인으로 더불어 결례에 대하여 변론이 되었더니 26저희가 요한에게 와서 가로되 랍비여 선생님과 함께 요단 강 저편에 있던 자 곧 선생님이 증거 하시던 자가 세례를 주매 사람이 다 그에게로 가더이다 27요한이 대답하여 가로되 만일 하늘에서 주신 바 아니면 사람이 아무것도 받을 수 없느니라.

위의 본문의 분위기가 그리 좋지 않다는 것을 확연히 느끼실 수 있을 것입니다. 지금 상황은 세례 요한이 옥에 갇히기 얼마 전 상황입니다. 예수님을 따르는 자들은 점점 늘어나는데, 세례 요한 진영에는 사람들이 줄어가고 있습니다. 그것이 세례 요한의 사명입니다.

그런데 이것에 대해서 세례 요한의 제자들은 제대로 인식하지 못했기 때문에 불만스러워 합니다. 우리말 성경으로 번역되면서 누락된 감탄사가 있습니다. 이것을 번역하자면 '보소서' 정도가 됩니다만 이 말은 좋지 않은 감정이 섞여 있습니다. '아니 우리가 원조인데 저쪽이 장사가 더 잘되고 있다니 말이 됩니까? 그것도 가까운 데 와서 동종업을 하면 상도덕상 있을 수 없는 일이 아닙니까?'라고 투정을 부리는 것입니다. 지금 이런 투정을 부리는 자들 속에 예수님을 따라가지 않은 베드로와 안드레가 끼어 있다고 볼 수 있습니다.

이렇게 확인한 결과 베드로는 지금 일부러 예수님과 무리들에게 관심이 없는 척 그냥 그물을 씻고 있던 것이 분명합니다. 빈 그물 씻는 것이 뭐 그리 급한 일도 아닌데 일하는 척하며, 일을 핑계로 가지 않고 있습니다.

요3:28 **나의 말한바 나는 그리스도가 아니요 그의 앞에 보내심을 받은 자라고 한 것을 증거 할 자는 너희니라**

앞으로 예수님이 그리스도라고 증거 해야 할 사명을 가진 자들이 바로 너희들이라고 세례 요한이 유언과 같은 신신당부를 했는데도 말입니다. 왜 이렇게 심사가 뒤틀려 있을까요? 뭐가 그를 이토록, 그의 선생인 세례 요한의 마지막 당부까지 저버리도록 만든 것일까요?

## 심사가 뒤틀린 이유

---

그것의 힌트를 요한복음 4:1에서 볼 수 있습니다.

**요4:1**예수의 제자를 삼고 세례를 주는 것이 요한보다 많다 하는 말을 바리새인들이 들은 줄을 주께서 아신지라

이렇게 세례 요한 진영의 세력이 약화되고 얼마 되지 않아서 요한이 옥에 잡혀갔음을 알 수 있습니다. 이것은 그동안 세례 요한을 잡아 가두고 싶었던 세력들이 대중의 힘을 두려워하여 그렇게 하지 못하다가 드디어 대중의 이목이 예수님께로 옮겨가자 바로 잡아갔음을 알 수 있습니다. 이 과정을 그의 제자인 베드로는 목도했던 것입니다.

우리는 베드로가 어떤 인물인지 압니다. 예수님께서 잡혀갔을 때에 칼을 빼서 휘두르는 모습에서도 그의 인물됨, 충성심이 잘 나타납니다. 아마도 요한이 잡혀갈 때도 비슷한 모습이지 않았겠습니까? 그래서 그의 마음속에 예수님에 대한 원망이 쌓였던 것입니다. 예수님이 흥하자 세례 요한이 망했습니다. 이로 인하여 베드로는 인간적인 배신감 같은 것을 느끼고 있었던 것입니다. '세례 요한이 그토록 예수님을 위해 노력해서 대중을 몰아줬으면 이번에는 세례 요한을 위해서 뭔가 일을 해야 하는 것이 아닌가?' 라는 생각을 했을 것입니다. 최소한 구명운동에 힘을 써줬어야 하는 것 아니냐 이것입니다.

베드로가 보기에 오히려 예수님은 세례 요한의 세력만 분산시

켜 놓고는 분위기가 심상치 않으니까 이 갈릴리로 도망 온 것이 아닌가 하는 생각을 하고 있었던 것입니다. 그러니 당연히 예수님에 대한 심정이 좋지 못한 것입니다. 이런 생각을 하고 있었다는 것의 증거는 그가 "주여 나를 떠나소서. 나는 죄인이로소이다"라고 고백하는 것에서 알 수 있습니다. 정황적으로만 보면 그가 이적을 체험했으니까 그 말보다는 "주여 믿습니다. 주를 따르겠나이다."라고 말하는 것이 맞습니다. 그런데 자신의 속마음 깊은 곳을 다 간파하고 계시다는 것을 깨달았기 때문에 그렇게 고백하고 있는 것입니다. 자신의 생각을 훨씬 넘어선 무한한 존재 앞에 섰기 때문에 거룩한 두려움을 느끼게 된 것입니다.

예수님께서는 이렇게 뒤틀어진 베드로의 마음을 아시고 당신의 말씀을 들을 수 있도록 그의 배에 오르셨습니다. 그렇게 해서 예수님을 믿는 마음을 회복시켜 주셨습니다. 예수님의 말씀을 따를 수 있도록 마음을 움직여 주셨습니다. 그리고 더 나아가서 그를 당신의 제자로서 특별한 일을 수행할 수 있도록 하시기 위해서 이적을 베푸셨습니다. 예수님께서는 이렇게까지 해서 베드로를 항복시키시고 구원하시는 모습을 볼 수 있습니다.

## 왜 처음에 안 따라 갔을까?

베드로와 이들은 예수님을 이미 만났어도 따르지 않고 있다가 세례 요한의 일 때문에 더욱 예수님을 싫어하게 되었습니다. 그 것은 예수님이 자신들과 코드가 맞지 않다고 생각했기 때문입니다. 자신이 가지고 있던 메시야관, 로마에 억압받는 유대민족을 정치적으로 구원해 줄 메시야, 거짓되고 타락한 제사장이 점령하고 있는 종교적인 상황을 뒤엎을 메시야를 생각하던 그들에게 예수님은 너무나 먼 인물이었습니다.

그들은 아무리 자신들의 선생이 증거 했던 분이라도 자신의 생각과 맞지 않았기 때문에 예수님을 메시야로 인정할 수 없었습니다. 세상의 문제를 해결하기 위해 노력하고, 억압받는 민족을 정치적, 군사적, 경제적으로 구원하려고 애 쓰는 인물을 원하고 있었습니다. 세례 요한이 잡혔으면 가서 옥을 파하고서라도 꺼내오시고, 민중을 모아서 예루살렘으로 진격하시고, 로마를 부수는 그런 예수님을 원했을 것입니다.

이런 면에서는 오히려 예수님보다는 세례 요한이 훨씬 낫다고 생각한 것입니다. 최소한 세례 요한은 목소리를 높여서 민중을 모으고, 종교지도자들에게 과감하게 "이 독사의 자식들아"라고 외치고, 감옥에 가는 인물로서 자신들의 구미에 딱 맞는 그런 인물이었습니다. 그래서 예수님을 따라 가지 않았습니다. 그러고는 지금 예수님을 적대하는 인물로 서 있습니다.

우리도 늘 이런 실수를 합니다. 내가 생각하는 '메시야 상'이란 것을 가지고 있습니다. 그래서 '이러 저러해야 메시야다'라고 내 쪽에서 메시야를 규정해 놓습니다. 나를 건강하게 해주셔야 메시야시고, 잘 살게 해주셔야 메시야고, 내가 보기에 옳은 일을 해주셔야 메시야라고 생각합니다. 이런 것이 충족되지 않으면 우리는 예수님의 메시야 되심을 끊임없이 의심하고 배반하는 자들입니다.

그것은 우리의 오해이며 제자들의 오해입니다. 예수님의 메시야 되심은 우리의 의심과 부정과 관계없이 참입니다. 오히려 우리는 예수님의 말씀에 주의해서 귀를 기울여야 합니다. 혹시 우리가 생각하던 것과 다르더라도 그분이 하시는 말씀이 참 진리이며 따라야 하는 것임을 자신에게 납득시켜야 합니다. 그분을 내 틀에 맞추는 것이 아니라 내가 예수 그리스도의 구원자 되심에 항복하고 따라가야 합니다.

그럼에도 불구하고 우리가 우리의 오해로 인하여 예수님을 떠난다 하더라도 주께서는 당신님의 제자들을 그냥 내버려 두시지 않으셨던 것처럼 우리를 결단코 놓지 않으십니다. 예수님의 사랑과 열심이 우리를 당신의 제자로 항복될 때까지 계속해서 말씀하시고 역사하실 것입니다. 제자들이 자신들의 선입관, 메시야관, 신앙관과 맞지 않는다고 예수님을 따르지 않고 믿지 않았으나 예수님께서는 그들에게 간섭하시고 납득시켜서 당신의 제자로 삼으셨던 것처럼 우리를 간섭하시고 납득시키실 것입니다. 나를 배에 함께 묶어 놓고 말씀하시고, 삶 속에 은혜로 간섭하시고, 설복시켜서 결국 '주님을 믿습니다.'라는 고백을 만드실 것입니다.